요리전문가 엄마가 만든
알짜 이유식

이양지 지음

이유식을 만들면서

이유식 만들기 쉽지 않지요? 한 가지만 기억하세요.
자연에서 온 먹을거리 그 자체가 최고의 이유식 재료라는 것!

요리를 가르치는 사람이면서도 제가 처음 접한 이유식의 세계는 참으로 낯설었어요. 아기가 6개월이 될 무렵부터 이유식을 만들기 시작했지요. 하얀 쌀미음을 쑤어보려는데, 이 간단한 음식조차 '이유식'이라는 이름이 붙으니 혹여 뭔가 실수라도 할까 싶어 책을 찾아 공식대로 조심조심 만들었죠. 요리연구가라는 타이틀이 무색할 정도로요. 그렇게 처음 만든 미음을 아기 입에 대보았더니, 글쎄 조금 빨자마자 바로 혀로 밀어내는 거예요. 그때의 실망감은 말로 못해요. 농도가 너무 되직한 것도 같아 좀 더 묽게 만들어주었지만 결과는 같았어요. 그래도 제 손으로 만든 음식을 잘 먹고 무럭무럭 자라길 바라는 마음에 어떤 이유식을 만들어야 할까 고민하며 이것저것 만들어보았어요. 그러다 문득, 제가 전문으로 하고 있는 마크로비오틱 요리의 원리대로 접근해보면 어떨까 하는 생각이 들더군요. 가장 자연에 가까운 재료를 그대로 섭취하자는 마크로비오틱 스타일이라면 아기가 처음 먹는 음식인 이유식에 적합할 거라는 믿음이 생겼어요. 그래서 우리 아기를 기준으로 5개월부터 돌 무렵의 아기가 먹어도 좋은 음식, 주의해야 할 음식 등에 대해 찾아보았고 현미미음부터 시작해 한 가지씩 만들어 먹여보았습니다. 놀랍게도 흰쌀미음 때와는 확연히 다른 반응을 보였어요. 구수한 맛이 좋았는지 그 뒤로도 현미로 쑨 묽은 죽을 잘 먹더니 두 돌이 다 된 요즘은 현미밥도 제법 잘 먹는답니다. 물론 소화기관이 덜 발달한 아기에게는 충분히 불린 현미를 갈아서 요리하는 것이 좋아요.

엄마들이 이유식을 만들면서 가장 힘들어하는 점은 어른이 먹을 음식을 만들 때보다 훨씬 조심스럽고 그 과정도 더 복잡하다는 거예요. 또 영양소를 골고루 섭취

하게 하려면 다양한 종류의 이유식을 만들어줘야 한다는 생각에 더욱 고민도 되고요. 하지만 이제 막 음식을 접하기 시작했는데 갑자기 너무 많은 종류의 음식을 먹어야 한다는 건 아기에게 여간 부담스러운 일이 아닐 거예요. 이것만 생각하세요. '자연에서 온 제철의 먹을거리를 엄마의 마음으로 양념하고, 조리 과정은 최소한으로 줄인다!'. 이유식 단계별로 음식의 농도나 재료에 조금씩 변화를 주면서 월령에 따라 꼭 필요한 식품 몇 가지만 섭취할 수 있도록 한다면 재료의 가짓수는 중요하지 않아요. 엄마도 스트레스받지 않고 편안한 마음으로 이유식을 만들 수 있고요. 아기에겐 엄마가 즐거운 마음으로 만든 음식만큼 몸에 좋은 것이 없답니다.

한 가지만 더 강조하고 싶어요. 이유식 걱정에 앞서 현재 부모의 식습관이 어떠한지 먼저 점검해보았으면 해요. 엄마 아빠는 입에도 대지 않는 채소를 아기에게만 먹으라고 강요할 순 없잖아요. 부모의 식탁이 아기의 건강을 좌우한다는 것을 꼭 기억하세요.

이 책을 준비할 즈음 마침 제 아들이 이유식을 시작했어요. 그래서 한 가지 한 가지 모두 직접 먹여보고 고민해가며 레시피를 쓸 수 있었답니다. 이 책을 통해 우리의 사랑스러운 아기들이 자연의 흐름을 있는 그대로 느끼고 받아들여 앞으로 자라는 동안 환경에 자연스럽게 적응하게 되기를 바랍니다.

2013년 겨울, 민돈이를 위해 만들었던 이유식 노트를 정리하며.

이양지

알짜배기 이유식 메뉴

6 자연주의 요리전문가 이양지 선생님이 말하는 건강한 이유식이란
10 이유식 단계별 밥 짓기
11 채소·고기·생선·곡류 신선하게 보관하기

 7~8개월 무른죽

52 7~8개월 아기에게 필요한
   자연주의 식재료를 소개합니다

 5~6개월 미음

14 5~6개월 아기에게 필요한
   자연주의 식재료를 소개합니다

16 멥쌀미음
18 찹쌀미음
20 차조미음
22 브로콜리미음
24 당근미음
26 단호박미음
28 배추미음
30 애호박무미음
34 당근단호박퓌레
36 고구마모유퓌레
38 감자브로콜리퓌레
40 사과퓌레
42 배무퓌레
46 Macrobiotic Style 현미미음
47 Macrobiotic Style 발아현미브로콜리미음
48 Macrobiotic Style 발아현미당근미음

54 멥쌀죽과 연두부시금치
56 멥쌀죽과 닭안심옥수수수프
58 팥죽
60 녹두죽
62 완두콩당근죽
64 밤시금치죽
66 감자당근죽
68 표고버섯연근죽
70 가자미양파죽
72 조기애호박죽
74 쇠고기대추죽
76 닭안심채소죽
78 호박고구마두부
82 감자감귤퓌레
82 감자연시퓌레
83 밤사과퓌레
86 Macrobiotic Style 현미녹두죽
87 Macrobiotic Style 잔멸치브로콜리죽
88 Macrobiotic Style 채소수프를 이용한
   비트연두부죽

 9~11개월 진밥

- 92 9~11개월 아기에게 필요한
      자연주의 식재료를 소개합니다
- 94 멥쌀밥과 걸쭉한 무닭안심수프
- 96 수수연근팽이버섯진밥
- 98 두유양배추당근진밥
- 100 단호박시금치리소토
- 102 가자미비트느타리버섯리소토
- 104 미역가자미진밥
- 106 달걀노른자청경채양파진밥
- 108 시금치연근쇠고기진밥
- 110 잔멸치양파애호박진밥
- 112 닭안심녹두우엉진밥
- 114 조기감자브로콜리덮밥
- 116 닭안심단호박당근스튜덮밥
- 118 연두부달걀찜
- 120 감자당근샐러드
- 122 단호박브로콜리샐러드
- 124 빵푸딩
- 126 으깬검정콩단호박건포도
- 128 데친채소스틱
- 132 Macrobiotic Style 발아현미진밥
- 132 Macrobiotic Style 생청국장당근버무리
- 133 Macrobiotic Style 검정콩청경채진밥
- 134 Macrobiotic Style 두부매생이진밥

12개월 이후 아기밥

- 138 12개월 이후 아기에게 필요한
      자연주의 식재료를 소개합니다
- 140 흑미찰밥과 쇠고기뭇국
- 142 마잔새우밥
- 144 토마토라이스
- 146 쇠고기얼갈이배추덮밥
- 148 토마토스크램블드에그덮밥
- 150 게살수프덮밥
- 152 들깨된장볶음밥
- 154 콩비지탕
- 156 닭고기두부볼
- 158 톳두부함박스테이크
- 160 새우양배추전
- 162 채소밥전
- 164 통밀잔치국수
- 166 흰살생선감자치즈구이
- 168 호두두유소스채소찜
- 170 단호박블루베리샌드위치
- 172 프렌치토스트
- 174 으깬옥수수바나나
- 178 Macrobiotic Style 발아현미밥과 된장국
- 180 Macrobiotic Style 톳밥과 미네스트로네

자연주의 요리전문가 이양지 선생님이 말하는
건강한 이유식이란,

　이유식은 아기가 세상에 태어나 모유나 분유 이외에 처음으로 만나는 음식입니다. 좋은 영양분은 성장에 필요한 에너지가 되고 이것이 차곡차곡 쌓여 튼튼한 몸을 만들기 때문에 이유식은 아기에게 있어 그 어떤 음식보다 중요하지요. 또 좋은 음식은 몸에만 영향을 미치는 것이 아니라 정서적으로도 안정된 상태를 유지시켜 줍니다.

　이토록 중요한 아기의 첫 음식이니 무엇보다 '건강한' 먹을거리로 만들어야 하겠지요? 이 책에서는 건강한 이유식을 만들기 위해 자연주의 섭생법인 '마크로비오틱(macrobiotic)' 요리를 소개하고자 합니다. 간단히 소개하자면, 마크로비오틱은 오염된 식품이나 가공식품, 패스트푸드, 육류 위주로 치우친 식생활을 버리고 우리 선조들이 영위했던 자연 그대로의 음식으로 돌아가 건강한 삶을 살자는 것입니다. 아기가 먹을 순수한 음식으로 참 잘 어울리는 조리법이자 식사법입니다. 어릴 때부터 한 끼 한 끼 올바른 식사를 해야 그것이 몸과 마음에 차곡차곡 쌓여 건강하게 성장할 수 있는 것입니다. 물론, 어른들의 음식을 만들 때처럼 마크로비오틱 원칙을 모두 지켜 만들 수는 없어요. 아직 어린 아기이니 소화하기 힘든 재료는 피해야 하고요. 껍질이 질기고 거칠 때는 당연히 벗겨줘야 합니다.

　자, 그럼 자연이 주는 풍요로운 산물에 엄마의 정성을 담아 건강한 이유식을 만들어볼까요? 몇 가지 기본만 지키면 누구든지 좋은 음식을 아기에게 선물할 수 있답니다.

첫째, 우리 땅에서 난 제철 식품이 좋아요.

이 책에서 말하고자 하는 이유식의 핵심은 '자연스러움'이에요. 자기가 태어난 땅에서 나고 자란 식재료가 가장 자연스럽고 건강한 음식이랍니다. 요즘은 제철식품이라는 개념이 많이 사라졌지만, 그래도 되도록 식품마다의 전성기라 할 수 있는 제철을 알아두고 계절에 따라 주로 섭취하는 음식을 달리하는 것이 좋아요. 우리 몸이 변화하는 환경에 쉽게 적응하여 아프지 않고 성장하도록 하는 것이 면역력인데, 이 면역력에 신토불이(身土不異) 음식만큼 좋은 건 없다고 해요.

둘째, 뿌리부터 잎까지 자연 그대로를 섭취하세요.

가능하면 유기농이나 친환경농산물을 구입해 껍질이나 뿌리, 줄기, 잎까지 버리는 것 없이 모두 섭취할 수 있도록 합니다. 물론 아직 아기가 너무 어릴 때는 씹고 삼키고 소화시키기에 부담이 없도록 조리해주어야 하고요. 이유식 후기에 접어들 무렵부터는 조금씩 껍질이나 줄기 부분도 시도해보는 것이 좋아요. 또 이유식 재료로 준비한 식품은 아기 것만 만들기엔 양이 많을 거예요. 남은 재료로는 어른 반찬을 만들면 좋은데, 이때 뿌리부터 잎까지 자연 그대로의 식품 전체를 섭취해보도록 하세요. 하나의 온전한 형태를 지닌 살아 있는 음식에는 생명을 유지하기 위해 필요한 모든 것이 균형 있게 들어 있어요. 마크로비오틱에서 백미를 밀리하고 현미를 먹자고 하는 것은 바로 이런 이유 때문입니다. 현미가 거칠어 소화시키기 힘들다는 의견도 있지만 충분히 불린 현미를 곱게 갈아 만든 미음은 아기가 먹기에도 충분해요. 구수한 맛 때문에 아기들이 의외로 잘 먹는답니다. 현미죽이나 현미밥

을 먹는 단계에서 아기의 대변에 현미 알갱이가 그대로 나오기도 하는데, 이건 아직 소화기관의 발달이 미숙해 그런 것이니 염려하지 않으셔도 됩니다. 꼭 섭취되어야 할 영양분이나 에너지는 잘 흡수되고 있는 거예요.

셋째, 아기에게 꼭 필요한 식품만 엄선하세요.
처음으로 아기 이유식을 만드는 엄마는 여러 가지 식재료를 사용해 이것저것 잔뜩 만들게 됩니다. 한 번 입에 넣어보고 아기가 잘 먹지 않으면 금세 다른 이유식을 만들지요. 아기를 튼튼하게 키우고자 다양한 음식을 만들어 먹이는 건 물론 당연한 엄마 마음이지만 아기가 아직 어린 이유식 시기에는 재료의 가짓수에 너무 신경 쓰지 않는 것이 좋아요. 정작 아기가 좋아하는 재료는 몇 가지로 함축되는데다, 아기가 한 가지 식품의 맛과 질감을 제대로 느껴보기도 전에 이것저것 종류를 바꾸다보면 오히려 먹는 즐거움을 빼앗게 될 수도 있어요. 아기에게 중요한 것은 그 시기에 꼭 필요한 영양분과 에너지를 섭취하여 면역력을 높이고 건강한 몸과 마음을 갖도록 하는 것이랍니다. 신선한 제철식품을 이용해 월령에 맞는 방법으로 정성껏 만든 이유식 몇 가지만 있으면 쑥쑥 자라나는 아기에게 충분한 영양을 공급할 수 있다는 것을 잊지 마세요. 끼니마다 다른 이유식을 만들어야 한다는 생각에 엄마 마음이 편하지 않다면 오히려 건강한 이유식을 만들 수 없게 됩니다.

넷째, 부모의 식습관을 바로잡아야 아기 밥상이 건강합니다.

부모의 식습관은 아기에게 큰 영향을 미칩니다. 이유식 초기에는 미음이나 죽과 같은 유동식이어서 부모가 먹는 음식과 별개일 수밖에 없지만 이유식 후기나 완료기 이후에 아기가 먹는 음식은 부모의 식사 패턴을 닮게 마련입니다. 물론 아기가 먹을 음식을 따로 하기도 하지만 점차 부모가 먹을 국, 반찬 등과 함께 만들게 되지요. 이때 자연스럽게 부모가 즐겨 먹는 재료와 조리법을 따르게 되겠지요? 건강한 식생활로 아기가 바르게 성장할 수 있게 하려면 지금 당장 부모의 평소 식습관부터 점검해봐야 할 것입니다. 부모는 먹지 않는 현미밥이나 채소 반찬을 아기에게만 강요할 수는 없으니까요.

다시 한 번 강조하지만, 건강한 이유식의 조건은 '자연스러움'입니다. 자연이 보내온 있는 그대로의 먹을거리에 최소한의 조리법만을 더해 만든 음식이 좋은 이유식입니다. 건강한 먹을거리에 감사하면서 편안한 마음으로 사랑을 듬뿍 담아 요리하세요. 아기가 커가는 단계에 따라 한 가지씩 차근차근 재료를 접할 수 있게 하는 것도 잊지 말고요.

이유식 단계별 밥 짓기

이유식을 처음 시작하는 단계에서는 미음이라 부르는 '10배죽'을, 그다음 단계에서는 무른 죽인 '7배죽' 또는 '5배죽'을 먹어요. 9~11개월쯤 되면 '4배죽'으로 좀 더 밥에 가까워집니다. 이 책에서 요리한 쌀과 물의 비율을 단계별로 살펴보세요.

10배죽 미음

불린 멥쌀 40g(2½큰술)+물 2컵
2~3회 분량

7배죽 무른죽

불린 멥쌀 60g(4큰술)+물 2컵 2큰술
2~3회 분량

5배죽 무른죽

불린 멥쌀 80g(5½큰술)+물 2컵
2~3회 분량

4배죽 진밥

밥 70g(5큰술)+물 1컵 1큰술
1회 분량

채소·고기·생선·곡류 신선하게 보관하기

이유식에 많이 사용하는 재료를 보관하는 방법이에요. 신선한 재료를 구입해 바로 사용하는 것이 가장 좋지만 남은 재료를 보관하거나 미리 사둔 재료를 보관하는 방법을 알아두면 늘 건강한 음식을 만들 수 있어요.

푸른 잎채소 대표 시금치

시금치는 뿌리의 흙을 털지 말고 신문지로 돌돌 말아 냉장 보관하세요. 뿌리가 아래쪽으로 가도록 세워두면 더 좋아요. 데친 시금치가 남았을 때는 물기를 꼭 짜서 밀폐용기에 넣어 역시 냉장 보관하세요.

흰살 생선의 대표 대구살

생선은 키친타월로 물기를 닦고 보관해야 살이 무르지 않고 신선하게 유지돼요. 물기를 닦은 생선은 비닐 랩으로 꼭 싸거나 밀폐용기 또는 지퍼백에 담아 냉동 보관하세요.

뿌리채소 대표 연근

연근은 먹을 만큼만 잘라 사용하고 남은 분량은 껍질을 벗기지 않은 채로 보관하세요. 껍질을 벗겨 슬라이스한 연근이 남았을 때는 밀폐용기에 연근이 잠길 정도의 물을 붓고 식초를 한두 방울 떨어뜨린 뒤 연근을 담가두세요. 연근 색깔이 변하는 것을 막아줍니다.

곡류의 대표 팥

현미나 찹쌀, 콩, 팥, 녹두 등의 곡류는 밀폐용기에 담아 상온에서 보관하세요. 안이 보이는 투명 용기에 보관하면 필요한 재료를 바로 찾아 사용할 수 있으니 간편하지요. 오래 두면 냄새가 나고 벌레가 생길 수 있으므로 적은 양을 구입해 보관 기간을 줄이는 것이 좋아요.

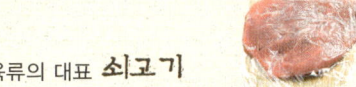

육류의 대표 쇠고기

고기는 한 번 요리할 분량씩 비닐 랩으로 꼭 싸서 공기가 통하지 않도록 해 냉동 보관하세요. 갈아서 요리한 고기가 남았을 때는 밀폐용기에 담아 역시 냉동 보관하세요.

5~6 month

미음

엄마의 모유나 분유만 먹던 아기가 처음으로 '음식'을 맛보게 되는 시기입니다. 첫 이유식은 위에 부담을 주지 않는 묽은 미음(10배죽)부터 시작하세요. 식품마다 알레르기를 일으키는 물질이 있으니 특히 이유식 초기에는 주의해야 합니다. 브로콜리나 단호박, 당근, 배추, 무, 사과, 배 등과 같이 처음부터 먹여도 안전한 재료를 선택하세요.
• 5~6개월의 재료는 모두 2~3회 분량입니다.

5~6개월
아기에게 필요한
자연주의 식재료를
소개합니다

이유식 시작부터 아기에게 너무 많은 종류의 식품을 먹이려 하지 마세요. 초기에는 몇 가지 대표 식품을 먹여보아 아기가 익숙해지면 이후 월령에 따라 조금씩 종류를 늘려가는 것이 좋습니다.

브로콜리

브로콜리는 이유식 초기부터 이용할 수 있는 대표 재료입니다. 위장 기능을 튼튼하게 해주고 몸 안의 독성 물질 배출에 도움을 주며 면역력도 높여주는 좋은 식품이에요. 5~6개월의 아기에게는 푹 익힌 것을 주도록 하세요.

고구마

고구마는 비타민 C와 함께 섬유소가 풍부한 식품이라 변비를 예방할 수 있어요. 달콤한 맛이 나기 때문에 아기가 이유식과 친해지도록 도와주지요. 고구마의 안토시아닌 성분은 눈을 건강하게 지켜주는 역할도 한답니다.

단호박

단호박에는 미네랄과 비타민 C, 섬유소가 풍부해요. 물이나 모유 등을 섞어 묽게 만든 미음으로 먹여보세요. 아기가 좀 자라면 푹 쪄낸 단호박을 으깨서 그냥 먹여도 됩니다. 식사 대용이나 간식용으로 좋은 식품입니다.

당근

베타카로틴 성분이 풍부한 당근은 비타민 A 함유 식품으로도 유명하지요. 눈 건강에 좋을 뿐 아니라 몸을 따뜻하게 해 혈액순환도 도와줍니다. 사과나 단호박 등을 섞으면 영양소 보충은 물론 맛도 좋은 이유식을 만들 수 있어요.

무

무는 소화에 특히 효과적인 채소라 맨 처음 이유식을 시작하는 아기에게 적합해요. 또 기침과 가래를 완화하는 효능도 탁월해 아기가 감기에 걸렸을 때 매우 유용한 식품이에요. 무를 삶으면 달달한 맛이 더욱 살아나서 아기가 거부감 없이 먹기 좋아요.

배추

배추에는 비타민 A와 C 이외에도 칼슘과 칼륨, 철분, 엽산 성분이 풍부하지요. 한국인이 즐겨 먹는 배추김치가 건강식품인 이유도 바로 이런 배추의 성분 때문이에요. 아기 때부터 배추와 친해지도록 이유식 재료로 선택해보세요. 섬유소가 풍부해 변비도 예방할 수 있답니다.

사과

과일은 알레르기를 일으키는 종류가 많아 채소보다 훨씬 더 주의해야 하는 이유식 재료예요. 오렌지나 딸기, 토마토 등의 과일은 되도록 나중에 먹이는 것이 좋아요. 아기에게 가장 먼저 먹여도 안전한 과일은 바로 사과랍니다. 강판에 갈아 떠먹이면 되는데, 처음 먹일 때는 사과도 끓는 물에 살짝 익혀주세요.

배

소화를 돕고 기침 해소에도 효과적인 배는 사과와 함께 이유식 초기부터 먹여도 좋은 과일이에요. 과일을 처음 먹는 아기라면 배도 끓는 물에 살짝 익혀주는 것이 안전합니다. 배는 일반 음식을 만들 때도 자주 사용될 만큼 다른 식품과 잘 어우러지는 재료입니다.

기본 10배죽 멥쌀미음

5~6개월

재료

불린 멥쌀 40g(2½큰술)
물 2컵

이렇게 만들어요

1. 불린 멥쌀과 물 ½컵을 믹서에 넣고 곱게 간다.
2. 1과 나머지 물을 냄비에 넣고 센 불로 끓이다가 끓어오르면 약한 불로 줄인 다음 주걱으로 저어가며 말간 반투명 상태가 될 때까지 10분 정도 더 끓인다.
3. 한 김 식으면 고운체에 내린다.

> **Tip** 요리할 때 참고하기
>
> 쌀눈이 그대로 붙어 있는 쌀을 이용하면 더욱 영양이 풍부한 미음을 만들 수 있어요. 멥쌀을 구입할 때 참고하세요.

5~6개월

기본 10배죽 **찹쌀미음**

재료

불린 찹쌀 40g(2½큰술)
물 2컵

이렇게 만들어요

1. 불린 찹쌀과 물 ½컵을 믹서에 넣고 곱게 간다.
2. 1과 나머지 물을 냄비에 넣고 센 불로 끓이다가 끓어오르면 약한 불로 줄인 다음 주걱으로 저어가며 말간 반투명 상태가 될 때까지 10분 정도 더 끓인다.
3. 한 김 식으면 고운체에 내린다.

Tip 요리할 때 참고하기

이유식을 만들 때 찹쌀은 최소 30분 이상 불리세요. 찹쌀미음은 매끄럽고 소화가 잘 됩니다. 미음에 채소퓌레를 섞어 먹여도 좋아요.

5~6개월

차조미음

재료

불린 멥쌀 30g(2큰술)
불린 차조 10g(⅔큰술)
물 2컵

이렇게 만들어요

1. 불린 멥쌀과 불린 차조, 물 ½컵을 믹서에 넣고 곱게 간다.
2. 1과 나머지 물을 냄비에 넣고 센 불로 끓이다가 끓어오르면 약한 불로 줄인 다음 주걱으로 저어가며 10분 정도 더 끓인다.
3. 한 김 식으면 고운체에 내린다.

Tip 요리할 때 참고하기

차조는 알갱이가 매우 작아 일반 체에 밭치면 구멍 사이로 빠져나가기 쉬워요. 차조의 물기를 뺄 때는 차를 우리는 고운체를 이용하세요. 차조는 아기가 소화시키기 쉬운 곡류랍니다. 또 몸속의 열을 풀어주는 성질을 가지고 있어 아기의 열을 내리거나 염증을 해소하는 데 도움이 됩니다.

5~6개월

브로콜리미음

재료

불린 멥쌀 40g
브로콜리(꽃송이 부분) 10g
물 2컵

이렇게 만들어요

1 브로콜리는 얇게 저민 다음 곱게 다진다.
2 불린 멥쌀과 물 $\frac{1}{2}$컵을 믹서에 넣고 곱게 간다.
3 1과 2, 나머지 물을 냄비에 넣고 센 불로 끓이다가 끓어오르면 약한 불로 줄인 다음 10분 정도 더 끓인다.
4 한 김 식으면 고운체에 내린다.

Tip 요리할 때 참고하기

이유식을 만들 때는 브로콜리의 꽃송이 부분만 사용하세요. 줄기는 데친 다음 볶아서 어른용 반찬을 만들면 좋아요. 브로콜리나 당근처럼 미리 익히는 채소는 데치는 방법보다 찌는 방법을 이용하세요. 그래야 영양소 손실이 적어요. 단, 브로콜리를 손질해 보관한다면 끓는 물에 10초 정도만 살짝 데쳐 바로 냉동실에 넣으세요.

5~6개월

당근미음

재료

불린 맵쌀 40g(2½큰술)
당근 10g
물 2컵

이렇게 만들어요

1. 불린 맵쌀과 물 ½컵을 믹서에 넣고 곱게 간다.
2. 당근은 껍질째 솔로 비벼 씻어서 덩어리째 푹 찐 다음 강판에 간다.
3. 1과 2, 나머지 물을 냄비에 넣고 센 불로 끓이다가 끓어오르면 약한 불로 줄인 다음 10분 정도 더 끓인다.
4. 한 김 식으면 고운체에 내린다.

Macrobiotic Style

당근을 껍질째 사용하면 껍질에 담긴 에너지를 섭취할 수 있어서 더욱 건강한 이유식을 만들 수 있어요. 익힌 당근을 고운체에 걸러주니까 거친 섬유소 때문에 씹거나 소화하기 어렵지 않을까 하는 걱정도 해결되고요. 이렇게 껍질까지 사용하려면 흐르는 물에 깨끗이 닦아주세요.

5~6개월

단호박미음

재료

불린 멥쌀 40g(2½ 큰술)
단호박 20g
물 2컵

이렇게 만들어요

1. 단호박은 넉넉하게 준비하여 덩어리째 찜통에 푹 찐 다음 노란 속만 긁어 분량대로 계량하여 곱게 으깬다.
2. 불린 멥쌀과 물 ½컵을 믹서에 넣고 곱게 간다.
3. 1과 2, 나머지 물을 냄비에 넣고 센 불로 끓이다가 끓어오르면 약한 불로 줄인 다음 10분 정도 더 끓인다.
4. 한 김 식으면 고운체에 내린다.

Tip 요리할 때 참고하기

이유식을 만들 때마다 매번 단호박을 손질하려니 조금 번거롭지요? 이럴 때는 단호박 속을 파고 찜통에 찐 다음 적당히 토막 내서 냉동실에 넣어두고 그때그때 필요한 만큼씩 꺼내 사용하세요.

5~6개월

배추미음

재료

불린 멥쌀 40g(2½큰술)
배추(잎 부분) 20g
물 2컵

이렇게 만들어요

1. 배추는 두꺼운 심을 제거하고 잎 부분만 분량대로 계량하여 끓는 물에 1분 정도 데친 다음 물기를 꼭 짜서 곱게 다진다.
2. 불린 멥쌀과 물 ½컵을 믹서에 넣고 곱게 간다.
3. 1과 2, 나머지 물을 냄비에 넣고 센 불로 끓이다가 끓어오르면 약한 불로 줄인 다음 10분 정도 더 끓인다.
4. 한 김 식으면 고운체에 내린다.

5~6개월

애호박무미음

재료

불린 멥쌀 40g(2½큰술)
애호박 30g
무 10g
물 2컵

이렇게 만들어요

1 애호박과 무는 넉넉하게 준비하여 덩어리째 찜통에 푹 찐 다음 껍질을 벗기고 분량대로 계량하여 곱게 으깬다.

2 불린 멥쌀과 물 ½컵을 믹서에 넣고 곱게 간다.

3 1과 2, 나머지 물을 냄비에 넣고 센 불로 끓이다가 끓어오르면 약한 불로 줄인 다음 10분 정도 더 끓인다.

4 한 김 식으면 고운체에 내린다.

Tip 요리할 때 참고하기

무는 애호박보다 익는 시간이 더 오래 걸리지요. 애호박과 무를 함께 찔 때는 익은 애호박을 먼저 꺼낸 다음 무는 좀 더 찌세요. 이렇게 찌는 방법을 이용하면 수용성 영양소의 손실을 줄일 수 있어요.

채소와 과일로 만든 퓌레

5~6개월

당근단호박퓌레

재료

당근 30g
단호박 30g

이렇게 만들어요

1 당근과 단호박은 넉넉하게 준비하여 덩어리째 찜통에 푹 찐 다음 당근은 껍질을 벗기고 단호박은 노란 속만 긁어 분량대로 계량한다.

2 당근과 단호박을 곱게 으깨면서 섞는다.

3 고운체에 내린다.

5~6개월

고구마모유퓌레

재료

고구마 60g
모유(또는 분유) 1~3큰술

이렇게 만들어요

1 고구마는 껍질째 깨끗하게 씻어서 덩어리째 찜통에 푹 찐 다음 껍질을 벗긴다.

2 고구마가 뜨거울 때 곱게 으깨서 모유로 농도를 조절한다.

3 고운체에 내린다.

Tip 요리할 때 참고하기

모유가 없을 때는 분유를 묽게 타서 사용하세요. 맹물로 농도를 맞추는 것보다 아기의 입맛에 익숙한 모유나 분유를 활용하면 아기가 먹기 좋지요. 물론 영양 성분도 추가되고요.

5~6개월

감자브로콜리퓌레

재료

감자 50g
브로콜리(꽃송이 부분) 10g
모유(또는 분유) 1~3큰술

이렇게 만들어요

1 감자는 껍질째 깨끗하게 씻어서 찜통에 10분 정도 찌고 브로콜리는 2분 정도 찐다.

2 감자는 껍질을 빗겨서 곱게 으깨고 브로콜리는 곱게 다진다.

3 다진 감자와 브로콜리를 섞고 모유로 농도를 조절한 다음 고운체에 내린다.

5~6개월

사과퓌레

재료

사과 60g

이렇게 만들어요

1 사과는 껍질을 벗겨서 끓는 물(분량 외)에 넣고 20초 정도 데친다.

2 사과가 한 김 식으면 강판에 곱게 간다.

Tip 요리할 때 참고하기

이 시기에는 사과와 같은 과일도 끓는 물에 살짝 데쳐서 사용하는 게 좋아요. 이렇게 하면 살균 효과를 높일 수 있어서 아직 면역력이 약한 아기에게 먹일 때 안심이 돼요.

응용하기 퓌레를 미음에 섞어서 먹여도 좋아요!

차조미음 p.20 +
당근단호박퓌레 p.34

당근미음 p.24 +
감자브로콜리퓌레 p.38

> **Tip 요리할 때 참고하기**
> 열나거나 감기 기운이 있을 때 먹이면 좋아요. 이유식 시기가 지난 다음이라도 아기가 감기에 걸렸을 때 만들어 먹이세요.

5~6개월

배무퓌레

재료

배 40g
무 20g

이렇게 만들어요

1 배와 무는 껍질을 벗겨서 끓는 물(분량 외)에 넣고 배는 20초, 무는 5분 정도 데친다.

2 데친 배와 무를 강판에 간다.

3 고운체에 내린다.

마크로비오틱 스타일 이유식

발아현미당근미음

현미미음

현미미음

재료
유기농 발아현미 ½컵, 토판염 면봉 끝에 찍어 묻을 만큼, 물 3컵

이렇게 만들어요

1. 발아현미를 첫물은 생수로, 그다음은 수돗물로 서너 차례 헹구고 체에 받쳐서 물기를 뺀다.

2. 물기 뺀 발아현미를 마른 팬에 넣은 다음 중간 불에서 갈색이 나고 쌀알이 10개 정도 속이 터지는 것이 보일 때까지 볶는다. 쌀을 볶으면 체내 소화 흡수가 잘됩니다.

3. 볶은 발아현미와 물, 토판염을 압력솥에 넣고 압력이 찰 때까지는 센 불로, 압력이 찬 다음에는 약한 불로 줄여서 40분간 가열하고 불에서 내린다.

4. 압력이 빠질 때까지 두었다가 뚜껑을 열고 3의 발아현미죽을 체에 부은 다음 숟가락이나 홍두깨로 눌러가며 거른다. 최대한 고운 체를 이용하고, 누를 때 힘을 많이 가하지 않아야 현미의 섬유질이 빠져나오지 않는다.

5. 곱게 걸러 크림 상태인 4의 미음에 끓여서 식힌 물을 부어 농도를 조절한다.

Macrobiotic Style

현미미음에 소금을 넣는 이유는 쌀에 바다의 생명력을 더해 현미의 에너지를 상승시키기 위해서예요. 면봉 끝에 살짝 찍는 정도의 양이므로 소금 섭취를 걱정하지 않아도 됩니다. 다른 이유식에도 현미를 사용할 때는 충분히 불려 아기가 소화하기 쉽도록 하는 것도 잊지 마세요.

발아현미브로콜리미음

재료

유기농 발아현미 ½컵, 브로콜리 30g,
토판염 면봉 끝에 찍어 묻을 만큼, 물 3컵

이렇게 만들어요

1 발아현미를 첫물은 생수로, 그다음은 수돗물로 서너 차례 헹구고 체에 밭쳐서 물기를 뺀다.

2 물기 뺀 발아현미를 마른 팬에 넣은 다음 중간 불에서 갈색이 나고 쌀알이 10개 정도 속이 터지는 것이 보일 때까지 볶는다. 쌀을 볶으면 체내 소화 흡수가 잘됩니다.

3 볶은 발아현미와 물, 토판염을 압력솥에 넣고 압력이 찰 때까지는 센 불로, 압력이 찬 다음에는 약한 불로 줄여서 40분간 가열하고 불에서 내린다.

4 브로콜리는 줄기 부분과 함께 김 오른 찜통에 넣고 3분 정도 찐 다음 곱게 다진다.

5 3의 압력이 빠질 때까지 두었다가 뚜껑을 열고 4와 함께 섞어 체에 부은 다음 숟가락이나 홍두깨로 눌러가며 거른다. 최대한 고운 체를 이용하되, 누를 때 힘을 많이 가하지 않아야 현미의 섬유질이 빠져나오지 않는다.

6 곱게 걸러 크림 상태인 5의 미음에 끓여서 식힌 물을 부어 농도를 조절한다.

재료

유기농 발아현미 ⅓컵, 당근 30g,
토판염 면봉 끝에 찍어 묻을 만큼, 물 3컵

이렇게 만들어요

1 발아현미를 첫물은 생수로, 그다음은 수돗물로 서너 차례 헹구고 체에 밭쳐서 물기를 뺀다.

2 물기 뺀 발아현미를 마른 팬에 넣은 다음 중간 불에서 갈색이 나고 쌀알이 10개 정도 속이 터지는 것이 보일 때까지 볶는다. 쌀을 볶으면 체내 소화 흡수가 잘됩니다.

3 볶은 발아현미와 물, 토판염을 압력솥에 넣고 압력이 찰 때까지는 센 불로, 압력이 찬 다음에는 약한 불로 줄여서 40분간 가열하고 불에서 내린다.

4 당근은 껍질째 솔로 비벼 씻어서 덩어리째 푹 찐 다음 고운체에 내린다.

5 3의 압력이 빠질 때까지 두었다가 뚜껑을 열고 발아현미죽을 체에 부은 다음 홍두깨로 눌러가며 거른다. 최대한 고운 체를 이용하되, 홍두깨로 누를 때 힘을 많이 가하지 않아야 현미의 섬유질이 빠져나오지 않는다.

6 곱게 걸러 크림 상태인 5의 발아현미미음에 4를 섞고 끓여서 식힌 물을 부어 농도를 조절한 다음 아이에게 먹인다.

7~8 month

무른 죽

아기가 쌀과 채소를 갈아 만든 미음을 잘 먹는다면 7개월경부터는 7배죽~5배죽 정도의 무른 죽을 먹여보세요. 물론 아기에 따라 좀 더 일찍 혹은 늦게 먹기도 합니다. 쌀에 비해 물의 양을 넉넉하게 잡아 묽게 쑨 7배죽은 아직 이가 나지 않은 아기가 먹어도 소화에 무리가 없어요. 7배죽에 익숙해지면 물의 양을 조금 줄여 5배죽을 시도해보세요. 재료의 맛과 질감을 좀 더 느낄 수 있어 음식에 대해 호기심을 갖게 됩니다.

• 7~8개월의 재료는 모두 2~3회 분량입니다.

7~8개월 아기에게 필요한 자연주의 식재료를 소개합니다

7~8 month

이유식 중기라고 할 수 있는 이 시기에는 조금 더 다양한 맛을 보여주세요. 알레르기를 일으키는 식품에는 아직 예민한 시기이니 일반적으로 무난한 채소와 곡류 위주로 권합니다. 뼈와 근육이 튼튼하게 형성될 수 있도록 양질의 단백질 공급에 신경 쓰고, 비타민과 철분이 풍부한 음식을 먹이도록 합니다.

감자

감자는 섬유소가 풍부해 변비 예방에 좋아요. 하지만 감자의 싹에는 독성이 있어 아기에게 먹일 때는 각별히 주의해야 합니다. 감자를 구입할 때는 싹이 나지 않고 표면이 고른 것을 선택하고 이유식에는 되도록 제철 햇감자를 사용하세요. 또 감자는 음의 기운이 강해 몸을 차갑게 하므로 아기가 열이 날 때 감자를 이용한 이유식을 만들어 먹이면 좋지만 설사를 하거나 몸이 찬 아기에게는 피하도록 하세요.

두부

필수지방산이 풍부한 식품이에요. 콩으로 만들었지만 콩보다 소화흡수율이 높아 이유식으로 좋은 재료랍니다. 국산 콩으로 만든 두부를 사용하세요.

밤

밤은 기를 보강해주어 허약 체질인 아기에게 보약과 같은 식품입니다. 양질의 단백질과 탄수화물을 함유하고 있어 영양도 풍부하지요. 맛이 좋아 죽이나 진밥에 넣어주면 아기가 잘 먹는답니다.

애호박

애호박에는 비타민 A와 C, 당질이 풍부해요. 껍질과 속이 모두 부드럽고 소화흡수가 잘돼서 이유식 초기 단계부터 먹여도 괜찮은 식품이지요. 껍질이 연두색으로 윤기가 있고 자그마하며 꼭지가 마르지 않은 것이 신선해서 좋아요.

시금치

억센 섬유질은 아기에게 부담이 되니 이유식 중기 무렵에는 연한 잎 부분만 사용하세요. 12개월 이후부터는 줄기 부분도 잘 다져서 함께 먹이면 좋습니다. 포항초나 섬초와 같이 키가 작고 단단한 시금치가 많이 나는 계절에 이용하도록 하세요.

양파

모양이 동그란 채소는 음과 양의 중간 성질이어서 균형 잡힌 영양을 공급합니다. 양파의 단맛은 간을 맞추는 효과가 있어 천연 조미료처럼 사용할 수 있어요. 익힐수록 단맛이 나기 때문에 이유식 재료로 이용해도 무리가 없지요. 미리 다져 냉장 보관했다가 단맛이 필요할 때 넣어주세요.

완두콩

이유식 초기에 완두콩을 먹일 때는 삶아서 껍질을 벗기고 칼로 다져주는 것이 좋아요. 중기 이후부터는 푹 익힌 완두콩을 통째 사용해도 됩니다. 밥과 잘 어울리는 곡류로, 단백질을 보충하기에 좋은 식품입니다. 완두콩의 제철인 5~6월에 넉넉히 구입해 알알이 꺼내 냉동실에 보관해두세요.

팥

팥은 따뜻한 성질을 가지고 있어 신장을 보호해줍니다. 팥이 푹 무르도록 부드럽게 삶으면 아기가 먹기에 좋아요. 음과 양의 기운이 균형을 갖춘 데다 철분도 풍부해 이유식 재료로 추천하는 식품이에요. 우리 아기가 이유식을 시작하던 시기에 묽게 쑨 팥죽을 주곤 했는데 참 잘 먹었어요.

7~8개월

기본 7배죽 멥쌀죽과 연두부시금치

재료 멥쌀죽

불린 멥쌀 60g(4큰술)
물 2컵+2큰술

이렇게 만들어요

1 불린 멥쌀과 물 ½컵을 믹서에 넣고 거칠게 간다.

2 1과 나머지 물을 냄비에 넣고 센 불로 끓이다가 끓어오르면 약한 불로 줄인 다음 주걱으로 저어가며 말간 반투명 상태가 될 때까지 10분 정도 더 끓인다.

재료 연두부시금치

연두부 30g
시금치 10g
다시마국물 3큰술

이렇게 만들어요

1 시금치는 끓는 물(분량 외)에 부드럽게 데쳐서 얇게 송송 썬 다음 곱게 다진다.

2 연두부와 다시마국물을 냄비에 넣고 중간 불로 1분 정도 끓인다.

3 1과 2를 섞는다.

멥쌀죽   연두부시금치

멥쌀죽과 닭안심옥수수수프

기본 5배죽 · 7~8개월

재료 멥쌀죽

불린 멥쌀 80g(5½큰술)
물 2컵

이렇게 만들어요

1. 불린 멥쌀과 물 ½컵을 믹서에 넣고 거칠게 간다.
2. 1과 나머지 물을 냄비에 넣고 센 불로 끓이다가 끓어오르면 약한 불로 줄인 다음 주걱으로 저어가며 말간 반투명 상태가 될 때까지 10분 정도 더 끓인다.

재료 닭안심옥수수수프

닭안심 10g
옥수수알 20g
우유(또는 분유) 1½큰술
채소국물 3큰술

이렇게 만들어요

1. 닭안심은 끓는 물(분량 외)에 삶는다.
2. 닭안심, 채소국물, 옥수수알, 우유를 믹서에 넣고 간다.

멥쌀죽 닭안심옥수수수프

7~8개월

팥죽

재료

팥 4큰술
찹쌀가루 1큰술
물 4컵+2큰술

이렇게 만들어요

1. 팥을 씻어서 냄비에 담고 잠길 만큼 물(분량 외)을 부어 삶는다. 물이 우르르 끓어오르면 처음 끓인 물은 버리고 물 4컵을 부어 팥알이 터질 때까지 삶는다.

2. 팥을 체에 쏟고 주걱으로 으깨가며 내린 다음 앙금이 가라앉게 그대로 둔다.

3. 2의 윗물을 가만히 냄비에 따라 붓고 팔팔 끓이다가 가라앉은 앙금을 넣고 눋지 않게 주걱으로 저어가며 끓인다.

4. 찹쌀가루를 물 2큰술에 개어 3에 조금씩 넣어가며 농도를 조절한 다음 한소끔 끓으면 불에서 내린다.

7~8개월

녹두죽

재료

불린 멥쌀 40g(2½큰술)
녹두(거피한 것) 4큰술
물 4컵

이렇게 만들어요

1. 녹두는 물(분량 외)에 담가 반나절 정도 불린다.
2. 불린 녹두와 물 3컵을 냄비에 넣고 30분 정도 끓여 부드럽게 익힌 다음 한 김 식혀서 믹서에 넣어 곱게 간다.
3. 불린 멥쌀과 나머지 물을 믹서에 넣고 거칠게 간 다음 냄비에 넣고 말간 반투명 상태가 될 때까지 10분 정도 더 끓인다.
4. 3에 2를 넣고 약한 불에서 저어가며 5분 정도 끓인다.

Tip 요리할 때 참고하기

녹두죽은 우리 아기가 참 잘 먹었던 이유식이에요. 특히 감기 기운이 있을 때 열을 내리는 효과가 있어 좋았답니다.

7~8개월
완두콩당근죽

재료

불린 멥쌀 60g(4큰술)
완두콩 30g
당근 20g
물 2컵+2큰술

이렇게 만들어요

1. 완두콩은 끓는 물(분량 외)에 넣어 삶다가 동동 떠오르면 1분간 더 삶아 건진 다음 껍질을 벗긴다. 당근도 같은 물에 삶는다.

2. 불린 멥쌀, 1의 완두콩과 당근, 물 1컵을 믹서에 넣고 거칠게 간다.

3. 2와 나머지 물을 냄비에 넣고 센 불로 끓이다가 끓어오르면 약한 불로 줄인 다음 주걱으로 저어가며 10분 정도 더 끓인다.

7~8개월

밤시금치죽

재료

불린 멥쌀 60g
밤 30g(2톨 정도)
시금치 30g
물 2컵+2큰술

이렇게 만들어요

1 밤은 칼로 겉껍질과 속껍질까지 깎아 하얀 알맹이만 남긴다.

2 불린 멥쌀과 밤, 물 1컵을 믹서에 넣고 간다.

3 시금치는 살짝 데쳐서 물기를 짜고 잎 부분만 분량대로 계량하여 곱게 다진다.

4 2와 나머지 물을 냄비에 붓고 센 불로 끓이다가 끓어오르면 약한 불로 줄인 다음 5분 정도 끓이고 3을 넣어 5분 정도 더 끓인다.

Tip 요리할 때 참고하기

밤은 따뜻한 성질을 가진 재료예요. 아기가 설사를 할 때 밤으로 미음을 만들어 먹이면 도움이 됩니다.

Macrobiotic Style

몸을 차게 하는 성질의 감자와 몸을 따뜻하게 해주는 기운이 강한 당근을 함께 사용하면 서로 부족한 점을 보완해주어 중간 성질에 가까운 이유식이 됩니다.

7~8개월

감자당근죽

재료

불린 멥쌀 60g(4큰술)
감자 30g
당근 30g
물 2컵+2큰술

이렇게 만들어요

1. 감자와 당근은 껍질째 찜통에 푹 찐 다음 감자만 껍질을 벗긴다.

2. 불린 멥쌀, 1의 감자와 당근, 물 1컵을 믹서에 넣고 거칠게 간다.

3. 2와 나머지 물을 냄비에 넣고 센 불로 끓이다가 끓어오르면 약한 불로 줄인 다음 주걱으로 저어가며 10분 정도 더 끓인다.

7~8개월

표고버섯연근죽

재료

불린 멥쌀 80g(5⅓큰술)
표고버섯(갓 부분만) 30g
연근 30g
물 2컵

이렇게 만들어요

1 표고버섯은 물에 살짝 씻어서 기둥은 떼고 갓만 분량대로 계량하여 잘게 다진다.

2 연근은 껍질을 벗기고 강판에 간다.

3 불린 멥쌀과 물 1컵을 믹서에 넣고 거칠게 간다.

4 1~3, 나머지 물을 냄비에 붓고 센 불로 끓이다가 끓어오르면 약한 불로 줄인 다음 주걱으로 저어가며 10분 정도 더 끓인다.

Tip 요리할 때 참고하기

표고버섯은 향이 강한 편이라 아기가 싫어할 수도 있어요. 이럴 때는 양송이버섯으로 바꿔 만들어보세요.

7~8개월

가자미양파죽

재료

불린 멥쌀 80g(5½큰술)
가자미 40g
양파 20g
물 2컵

이렇게 만들어요

1 양파는 곱게 다진다.

2 가자미는 찜통에 15분 정도 찐 다음 하얀 살만 발라 분량대로 계량한다.

3 불린 멥쌀과 물 1컵을 믹서에 넣고 거칠게 간다.

4 1~3을 모두 냄비에 넣고 나머지 물을 부어 센 불로 끓이다가 끓어오르면 약한 불로 줄인 다음 주걱으로 저어가며 10분 정도 더 끓인다.

Tip 요리할 때 참고하기

가자미는 6~8월에 물이 좋아요. 되도록 국산 참가자미를 사용하세요.

7~8개월
조기애호박죽

재료

불린 멥쌀 80g(5⅓큰술)
조기 40g
애호박 20g
물 2컵

이렇게 만들어요

1. 애호박은 잘게 다진다.
2. 조기는 찜통에 15분 정도 쪄서 익힌 다음 하얀 살만 발라 분량대로 계량한다.
3. 불린 멥쌀과 물 1컵을 믹서에 넣고 거칠게 간다.
4. 1~3을 모두 냄비에 넣고 나머지 물을 부어 센 불로 끓이다가 끓어오르면 약한 불로 줄인 다음 주걱으로 저어가며 10분 정도 더 끓인다.

7~8개월

쇠고기대추죽

재료

불린 멥쌀 80g(5½큰술)
쇠고기(안심) 30g
양파 20g
대추 10g(4개 정도)
물 2컵

이렇게 만들어요

1. 쇠고기는 얇게 저미거나 다진 것으로 준비한다. 찬물(분량 외)에 헹궈 핏기를 제거한다.

2. 1을 끓는 물(분량 외)에 10초 정도 데친 다음 건져서 물기를 빼고 더 곱게 다진다. 양파도 곱게 다진다.

3. 대추는 돌려 깎아 씨를 제거하고 끓는 물(분량 외)에 넣어 5분 정도 삶은 다음 체에 내려 과육만 준비하고 껍질은 버린다.

4. 불린 멥쌀과 물 1컵을 믹서에 넣고 거칠게 간다.

5. 2~4를 냄비에 넣고 나머지 물을 부어 센 불로 끓이다가 끓어오르면 약한 불로 줄인 다음 주걱으로 저어가며 10분 정도 더 끓인다.

Tip 요리할 때 참고하기

대추는 신경 안정 효과가 있어서 쉽게 잠들지 못하는 아기에게 좋은 식품이지요. 이유식 시기 이후라도 아기가 잠들기 힘들어하거나 자다가 자주 깬다면 대추 넣은 죽을 간식으로 먹여보세요.

7~8개월

닭안심채소죽

재료

불린 멥쌀 80g(5½큰술)
닭안심 40g
당근 10g
양파 10g
브로콜리(꽃송이 부분) 10g
물 2컵

이렇게 만들어요

1. 닭안심은 끓는 물에 넣고 4~5분 정도 삶아 잘게 다진다.
2. 당근과 양파, 브로콜리는 다진다.
3. 불린 멥쌀과 물 1컵을 믹서에 넣고 거칠게 간다.
4. 1~3을 모두 냄비에 넣고 나머지 물을 부어 센 불로 끓이다가 끓어오르면 약한 불로 줄인 다음 주걱으로 저어가며 10분 정도 더 끓인다.

Tip 요리할 때 참고하기
닭안심을 이유식에 사용할 때는 힘줄을 제거하고 흐르는 물에 깨끗이 씻은 다음 키친타월에 올려 물기를 제거하세요.

7~8개월

호박고구마두부

재료

호박고구마 30g
두부(생식용) 30g

이렇게 만들어요

1 호박고구마는 찜통에 푹 쪄서 껍질을 벗기고 뜨거울 때 곱게 으깬다.

2 두부는 끓는 물에 넣고 1분 정도 삶은 다음 체에 밭쳐 물기를 뺀다.

3 1과 2를 섞는다.

밤사과퓌레

채소와 과일로 만든 퓌레

감자감귤퓌레

감자연시퓌레

7~8개월

감자감귤퓌레

재료

감자 40g
감귤 20g

이렇게 만들어요

1. 감자는 찜통에 푹 쪄서 껍질을 벗기고 뜨거울 때 곱게 으깬다.
2. 감귤은 겉껍질을 벗긴 다음 얇은 속껍질도 벗겨 과육만 준비한다.
3. 1과 2를 섞는다.

7~8개월

감자연시퓌레

재료

감자 30g
연시 30g

이렇게 만들어요

1. 감자는 찜통에 푹 쪄서 껍질을 벗기고 뜨거울 때 곱게 으깬다.
2. 연시는 껍질을 벗기고 속의 하얀 실 같은 섬유질과 씨를 제거하여 과육만 준비한다.
3. 1과 2를 섞는다.

7~8개월
밤사과퓌레

재료

밤 3개
사과 40g

이렇게 만들어요

1. 밤과 물(분량 외)을 냄비에 넣고 20분 정도 삶은 다음 밤 껍질은 벗기고 과육만 발라 으깬다.
2. 사과는 강판에 간다.
3. 1과 2를 섞는다.

비트연두부죽

현미녹두죽

마크로비오틱 스타일 이유식

잔멸치브로콜리죽

현미녹두죽

재료
불린 현미 40g, 녹두(거피한 것) 4큰술, 물 4½컵

이렇게 만들어요

1 녹두는 물(분량 외)에 담가 반나절 정도 불린다.

2 불린 녹두와 물 3컵을 냄비에 넣고 30분 정도 끓여 부드럽게 익힌 다음 한 김 식혀서 믹서에 넣고 곱게 간다.

3 불린 현미와 나머지 물을 믹서에 넣고 곱게 간 다음 냄비에 넣어 15분 정도 끓인다.

4 3에 2를 넣고 약한 불에서 저어가며 5분 정도 더 끓인다.

Macrobiotic Style
녹두는 몸을 차게 하는 성질이 있어 아기가 열이 날 때 먹이면 좋은 식품입니다. 단, 몸을 차게 하는 만큼 자주 많이 먹이지는 않도록 하세요. 녹두는 껍질 벗긴 것을 구입하세요.

잔멸치브로콜리죽

재료

불린 현미 80g(5½큰술), 잔멸치 10g,
브로콜리(꽃송이 부분) 40g, 물 2컵

이렇게 만들어요

1 브로콜리는 잘게 다진다.
2 잔멸치는 물 1컵(분량 외)을 붓고 15분 정도 두어 짠 기를 뺀 다음 건져서 칼로 다진다.
3 불린 멥쌀과 물 1컵을 믹서에 넣고 거칠게 간다.
4 냄비에 1~3을 넣고 나머지 물을 부어 센 불로 끓이다가 끓어오르면 약한 불로 줄인 다음 주걱으로 저어가며 10분 정도 더 끓인다.

Tip 요리할 때 참고하기

잔멸치는 묵은 냄새가 나지 않고 짠맛이 강하지 않은 신선한 것을 고르세요. 이유식에 멸치를 넣을 때는 요리 전 멸치에 끓는 물을 끼얹어 짠 기와 불순물을 제거하세요.

 ## 채소수프를 이용한 비트연두부죽

재료

불린 현미 60g, 비트 10g, 연두부 40g, 채소수프 2½컵
채소수프가 없을 때는 물 2컵을 넣어요!

이렇게 만들어요

1. 비트는 끓는 물(분량 외)에 2분 정도 삶는다.
2. 불린 멥쌀과 비트, 채소수프 1컵을 믹서에 넣고 곱게 간다.
3. 2와 나머지 물, 연두부를 냄비에 넣고 센 불로 끓이다가 끓어오르면 약한 불로 줄인 다음 주걱으로 저어가며 10분 정도 더 끓인다.

Tip 요리할 때 참고하기

채소수프는 아기의 면역력을 높여주는 음식으로, 이유식 국물로 활용하면 좋아요. 이유식을 만들다보면 자투리 채소가 남게 마련인데, 이 재료들로 채소수프를 만들어 냉동실에 보관해두고 사용하세요.

채소수프 만들기

당근, 무, 양배추, 양파, 애호박, 연근, 우엉 등 각종 채소(또는 자투리 채소) 총 300g에 물 1ℓ를 붓고 끓여요. 처음에는 센 불로 끓이다가 끓어오르면 약한 불로 줄인 다음 1시간 정도 푹 끓여서 체에 거르세요. 이 맑은 국물이 채소수프랍니다.

9~11 month

진밥

이유식 후기인 9~11개월쯤이 되면 죽보다 밥에 가까운 '진밥'을 주로 먹입니다. 이 때는 물의 양을 넉넉히 잡아 새로 밥을 해도 좋고 밥솥에 있는 밥을 이용해 좀 더 간편하게 만들 수도 있어요. 엄마도 아기도 좀 더 편안하게 이유식을 받아들이는 시기랍니다. 이 시기에는 푹 익힌 감자나 당근, 단호박, 브로콜리 등을 이용한 샐러드도 시도해 볼 수 있어요. 식품 알레르기반응에 대한 염려도 한결 덜해집니다.

• 9~11개월의 재료는 모두 1회 분량입니다.

9~11개월
아기에게 필요한
자연주의 식재료를
소개합니다

9~11 month

재료를 선택하는 데 있어 한결 편해진 시기예요. 이유식 후기로 접어들어 이제는 제법 어른들이 먹는 밥과 비슷한 형태랍니다. 채소부터 생선, 유제품까지 다양하게 메뉴를 구성할 수 있으며, 너무 잘게 다지거나 으깨지 않아도 되니 요리하기도 편하고요. 단, 아직까지도 조심해야 할 식품이 있으니 달걀노른자나 딸기, 복숭아 등은 아기의 반응을 살피며 주는 것이 좋습니다.

수수

수수는 성질이 따뜻해서 위장을 비롯한 여러 장기를 편하게 해줘요. 아기에게 먹일 때는 거친 느낌이 들지 않도록 푹 익혀주세요. 이유식 후기부터는 아기가 쌀, 찹쌀, 현미 이외에 다양한 곡류를 섭취할 수 있도록 몇 가지 잡곡을 메뉴에 활용해보는 것이 좋아요.

검정콩

검정콩은 두뇌 활동에 꼭 필요한 필수지방산인 오메가-3지방산이 풍부해요. 검정콩의 까만색에는 신장을 보호하는 성분도 들어 있으며 특히 겨울철에 먹으면 좋은 식품입니다. 껍질이 질길 수 있으니 처음에는 검정콩을 삶아 껍질을 벗기고 요리하세요.

양배추

양배추도 양파와 같이 동그란 모양의 채소로, 음과 양의 기운을 균형 있게 담고 있는 식품이에요. 담백하고 달달한 맛이 소화에 도움을 주므로 이유식에 부담 없이 사용할 수 있습니다.

미역

미역에는 성장호르몬을 촉진시키는 요오드가 풍부하게 들어 있어요. 철분도 풍부하고 소화흡수에 좋은 식품이지요. 이유식 시기의 아기가 먹을 미역은 두꺼운 줄기가 적고 부드러운 부분만 말린 것을 사용하도록 합니다.

흰살생선

가자미, 조기, 갈치, 병어, 대구는 아기가 소화하기 쉬운 동물성 단백질을 풍부하게 함유한 식품이에요. 그중에서도 이유식용으로는 단백질 성분의 콜라겐이 풍부한 가자미를 추천합니다. 아기에게 먹일 생선을 고를 때는 몸집이 큰 참치나 연어 등은 피하세요. 먹이사슬의 아래쪽에 속한 작은 생선일수록 오염도가 낮아 안전합니다. 무엇보다 제철의 국산 생선이 가장 안전하겠지요? 신선한 생선을 작게 토막 내서 흐르는 물에 씻은 다음 물기를 잘 닦고 지퍼백에 넣어 냉동 보관하세요.

달걀노른자

완전식품이라 불리는 달걀은 고기를 잘 먹지 않는 아기에게 영양을 공급하기 좋지요. 그중에서도 노른자는 흰자에 비해 철분과 단백질 함유량이 높아요. 단, 노른자는 알레르기 유발 위험이 있으므로 이유식 초기에는 피하도록 합니다.

청경채

청경채는 사계절 쉽게 볼 수 있는 채소이지만 겨울이 제철입니다. 시금치와 함께 이유식 초기 단계에서부터 먹일 수 있는 대표적인 푸른 잎채소예요. 단, 청경채는 굵은 줄기까지 통째로 먹어야 하는데 줄기가 질길 수 있어서 좀 더 편하게 사용할 수 있는 이유식 후기인 9~11개월에 소개했습니다. 초기 이유식에 사용할 경우 줄기 부분을 잘 다져 넣도록 하세요. 청경채도 음과 양의 기운을 균형 있게 섭취할 수 있는 식품입니다.

9~11개월

기본 4배죽 멥쌀밥과 걸쭉한 무닭안심수프

재료 멥쌀밥

밥 70g(5큰술)
물 1컵+1큰술

이렇게 만들어요

1 밥과 물을 냄비에 넣고 센 불로 끓이다가 끓어오르면 약한 불로 줄인 다음 10분 정도 더 끓여 밥알이 퍼지게 한다.

재료 걸쭉한 무닭안심수프

닭안심 10g
무 20g
간장 1~2방울
녹말물
(감자전분 1작은술+물 1큰술)
다시마국물 $\frac{3}{4}$컵

이렇게 만들어요

1 닭안심은 칼로 곱게 다지고 무는 사방 1cm 크기로 깍둑썰기한다.
2 다시마국물과 다진 닭안심을 냄비에 넣어 거품기로 섞는다.
3 2에 무를 넣고 무가 부드러워질 때까지 끓인다.
4 간장을 넣고 녹말물을 조금씩 뿌려가며 섞어 걸쭉하게 한다.

걸쭉한 무닭안심수프

9~11개월

수수연근팽이버섯진밥

재료

수수밥 70g

연근 30g

팽이버섯 30g

참깨소금(p.179) 조금

물 1컵+1큰술

이렇게 만들어요

1 연근은 강판에 곱게 간다.

2 팽이버섯은 잘게 송송 썬다.

3 수수밥과 물, 연근, 팽이버섯을 냄비에 넣고 밥이 부드러워질 때까지 끓인다.

4 깨소금을 넣고 섞은 다음 불에서 내린다.

Tip 요리할 때 참고하기

연근을 갈아서 밥과 함께 끓이면 걸쭉하고 부드러워 이유식으로 먹기 좋은 상태가 됩니다.

9~11개월

두유양배추당근진밥

재료

밥 70g
양배추 40g
당근 25g
두유(유아용) ½컵+1큰술
물 ½컵

이렇게 만들어요

1 양배추는 두꺼운 줄기 부분은 제외하고 얇은 잎 부분만 분량대로 계량하여 곱게 다진다.

2 당근은 사방 0.2~0.3cm 크기로 잘게 썬다. 먼저 채 썬 것을 겹쳐두고 얇게 송송 썰면 된다.

3 밥과 물, 두유, 1, 2를 냄비에 넣고 밥이 부드러워질 때까지 끓인다.

9~11개월

단호박시금치리소토

재료

밥 70g
단호박 30g
시금치 30g
슬라이스치즈(유아용) ½장
모유(또는 분유) 1큰술
물 1컵

이렇게 만들어요

1 단호박은 껍질을 벗겨서 사방 0.5cm 크기로 깍둑썰기하고 시금치는 살짝 데쳐서 얇게 송송 썬다.

2 밥과 물, 단호박을 냄비에 넣어 밥이 퍼지고 단호박이 익을 때까지 끓인다.

3 시금치와 모유를 넣어 한소끔 끓인다.

4 슬라이스치즈를 넣어 잘 섞은 다음 불에서 내린다.

9~11개월

가자미비트느타리버섯리소토

재료

밥 90g
가자미살 30g
비트 15g
느타리버섯 30g
슬라이스치즈(유아용) ½장
모유(또는 분유) 1~2큰술
물 ¾컵

이렇게 만들어요

1 비트는 강판에 간다.

2 느타리버섯은 잘게 다진다. 가자미는 찜통에 찐 다음 살만 발라 분량대로 계량한다.

3 밥과 물, 비트, 느타리버섯, 가자미살을 냄비에 넣고 밥이 퍼질 때까지 끓인다.

4 모유로 농도를 조절하고 슬라이스치즈를 넣어 잘 섞은 다음 불에서 내린다.

9~11개월
미역가자미진밥

재료

밥 90g
불린 실미역 20g
가자미살 40g
들깻가루(거피한 것) 1작은술
간장 1~2방울
물 ¾컵

이렇게 만들어요

1. 불린 실미역은 물기를 꼭 짜서 분량대로 계량하여 잘게 썬다.
2. 가자미는 찜통에 찐 다음 살만 발라 분량대로 계량한다.
3. 밥과 물, 1, 2를 냄비에 넣고 밥이 퍼질 때까지 끓인다.
4. 들깻가루와 간장을 넣어 한소끔 끓인 다음 불에서 내린다.

9~11개월

달걀노른자청경채양파진밥

재료

밥 90g
달걀노른자 1개분
청경채 30g
양파 20g
물 ¾컵

이렇게 만들어요

1. 청경채는 줄기 부분까지 사방 0.3cm 크기로 썬다. 양파는 다진다.
2. 밥과 물, 1을 넣고 밥이 퍼질 때까지 끓인다.
3. 일단 불을 끄고 달걀노른자를 넣어 잘 섞은 다음 다시 불을 켜고 한소끔 끓여 불에서 내린다.

9~11개월

시금치연근쇠고기진밥

재료
밥 90g
쇠고기(안심) 30g
연근 20g
시금치 20g
물 ¾컵

이렇게 만들어요

1. 쇠고기는 얇게 저미거나 다진 것으로 준비한다. 찬물(분량 외)에 헹궈 핏기를 제거하고 끓는 물(분량 외)에 10초 정도 데친 다음 건져서 물기를 빼고 더욱 곱게 다진다.

2. 연근은 강판에 갈고 시금치는 살짝 데쳐서 물기를 짠 다음 잘게 썬다.

3. 밥과 물, 쇠고기, 연근을 넣고 밥이 퍼질 때까지 끓인다.

4. 시금치를 넣어 한소끔 끓인 다음 불에서 내린다.

Tip 요리할 때 참고하기
시금치연근쇠고기진밥에 사용하고 남은 재료로 볶음밥을 만들어 큰아이나 어른 밥상 메뉴로 활용하세요. 연근은 먹기 좋은 크기로 작게 잘라 넣으면 됩니다.

9~11개월

잔멸치양파애호박진밥

재료

밥 70g
잔멸치 ½ 큰술
양파 20g
애호박 40g
물 1컵+1큰술

이렇게 만들어요

1. 잔멸치는 물 1컵(분량 외)을 붓고 15분 정도 두어 짠 기를 뺀 다음 건져서 칼로 거칠게 다진다.

2. 양파는 다지고 애호박은 사방 0.5cm 크기의 얇은 네모꼴로 썬다.

3. 밥과 물, 1, 2를 냄비에 넣고 밥이 퍼질 때까지 끓인다.

Tip 요리할 때 참고하기
잔멸치는 체에 담은 채 끓는 물을 끼얹어 멸치의 짠 기와 불순물을 제거하고 사용하세요.

9~11개월

닭안심녹두우엉진밥

재료

밥 90g
닭안심 30g
녹두(거피한 것) 20g
우엉 10g
깨소금 조금
물 1컵

이렇게 만들어요

1. 녹두는 물(분량 외)에 담가 1시간 정도 불린다.
2. 우엉은 칼등으로 껍질을 긁는다.
3. 녹두와 우엉, 분량의 물을 믹서에 넣고 곱게 간다. 닭안심은 칼로 다진다.
4. 3을 냄비에 넣어 한소끔 끓인 다음 밥을 넣어 퍼질 때까지 끓이고 깨소금을 넣는다.

Tip 요리할 때 참고하기

우엉은 거친 채소이므로 이유식 재료로 사용할 때는 곱게 갈아서 넣으세요. 우엉도 껍질까지 사용하면 좋으니 채소 솔로 비벼가며 물로 깨끗이 씻어줍니다.

9~11개월
조기감자브로콜리덮밥

재료

밥 90g

조기 30g

감자 30g

브로콜리(꽃송이 부분) 20g

녹말물
(감자전분 1작은술+물 1큰술)

다시마국물 4큰술

물 ¾컵

이렇게 만들어요

1. 밥에 물을 붓고 밥이 퍼질 때까지 끓여 그릇에 담는다.

2. 조기는 찜통에 찐 다음 살만 발라 분량대로 계량한다.

3. 감자는 사방 0.5cm 크기의 얇은 네모꼴로 썰고 브로콜리는 얇게 저며 다진다.

4. 다시마국물과 감자를 냄비에 넣고 2~3분 정도 끓인다.

5. 브로콜리와 조기를 넣어 2~3분 정도 더 끓인 다음 녹말물을 조금씩 뿌려 걸쭉하게 하고 불에서 내려 1에 붓는다.

9~11개월

닭안심단호박당근스튜덮밥

재료

밥 90g
닭안심 20g
단호박 30g
당근 10g
다진 파슬리 조금
우유 4큰술
물 ¾컵

이렇게 만들어요

1. 밥에 물을 부어 밥이 퍼질 때까지 끓여 그릇에 담는다.
2. 닭안심은 칼로 다지고 단호박은 껍질을 벗겨서 1cm 크기의 얇은 네모꼴로 썬다. 당근은 0.5cm 크기의 얇은 네모꼴로 썬다.
3. 우유, 닭안심과 단호박, 당근을 냄비에 넣고 저어가며 단호박이 무를 때까지 익힌 다음 다진 파슬리를 넣고 한소끔 끓여 불에서 내린다.
4. 1에 3을 붓는다.

Tip 요리할 때 참고하기

크림스튜를 만들 때는 냄비에 우유를 붓고 처음부터 재료를 함께 넣어 끓이도록 하세요. 채소가 익을 때까지 끓여야 하므로 끓이는 동안 우유 양이 줄어들면 보충해주세요.

9~11개월

연두부 달걀찜

재료

연두부 60g
달걀 ½개분
당근·양파·양송이버섯·
애호박 10g씩

이렇게 만들어요

1 달걀은 곱게 푼다. 연두부를 넣어 으깨면서 같이 섞는다.
2 당근, 양송이버섯, 양파, 애호박은 각각 다진다.
3 2와 1을 섞어 내열 용기에 담고 김 오른 찜통에 넣어 10분 정도 찐다.

Tip 요리할 때 참고하기
달걀찜에는 다양한 채소를 활용할 수 있어요. 평소 아기가 잘 먹는 재료나 영양 성분을 따져보아 부족할 것 같은 채소를 넣어주세요. 자투리 양파나 시금치를 비롯해 냉장고 속 남은 채소를 정리하기에도 좋아요.

9~11개월

감자당근샐러드

재료

감자 60g
당근 10g
양파 20g
베이비요구르트 2큰술

이렇게 만들어요

1. 감자와 당근, 양파는 깨끗이 씻어 찜통에 넣고 찐 다음 빨리 익는 순서대로 꺼낸다.

2. 감자는 껍질을 벗겨 0.5cm 크기로 깍둑썰기하고 당근도 껍질을 벗겨 0.2~0.3cm로 깍둑썰기한다. 양파는 0.2~0.3cm 크기의 네모꼴로 썬다.

3. 2의 채소를 베이비요구르트에 버무린다.

Tip 요리할 때 참고하기

당근 대신 토마토를 사용하면 또 다른 메뉴가 되지요. 토마토 껍질을 벗기고 칼로 잘게 다져서 감자와 함께 버무리세요.

Tip 요리할 때 참고하기

이유식 후기부터는 씹는 연습을 많이 하는 것이 좋아요. 브로콜리의 꽃송이만이 아니라 줄기도 푹 익힌 다음 다져서 사용해보세요.

9~11개월

단호박브로콜리샐러드

재료

단호박 40g
브로콜리(꽃송이 부분) 20g
베이비요구르트 2큰술

이렇게 만들어요

1. 단호박은 찜통에 찐 다음 껍질을 벗기고 0.5cm 크기로 깍둑썰기한다.
2. 브로콜리는 조금 넉넉하게 준비하여 찜통에 찐 다음 꽃봉오리의 끝부분만 칼로 저며 분량대로 계량한다.
3. 1과 2를 베이비요구르트에 버무린다.

9~11개월

빵푸딩

재료

우리밀식빵 ½ 장
베이비두유 2큰술
달걀(푼 것) 2큰술
바나나 30g
다진 파슬리 조금

이렇게 만들어요

1 우리밀식빵은 테두리를 자르고 하얀 부분만 잘게 찢는다.
2 베이비두유와 달걀을 섞고 1을 넣어 붇도록 둔다.
3 바나나는 얇게 반달썰기한다.
4 내열 용기에 2와 바나나를 넣고 다진 파슬리를 뿌려 김 오른 찜통에 10분 정도 찐다.

Tip 요리할 때 참고하기
아기에게 먹일 빵은 되도록 우리밀로 만든 것을 구입하세요.

9~11개월

으깬 검정콩단호박건포도

재료

검정콩 10g
건포도 10g
단호박 80g

이렇게 만들어요

1. 검정콩은 반나절 정도 물(분량 외)에 불린 다음 물(분량 외)을 붓고 15분 정도 무르게 푹 삶아서 껍질을 벗기고 으깬다.
2. 단호박은 찜통에 찐 다음 껍질을 벗기고 으깬다. 건포도는 다진다.
3. 1과 2를 섞는다.

Tip 요리할 때 참고하기

건포도 대신 건자두(프룬)를 다져서 넣어도 좋아요. 건포도나 건자두 모두 방부제가 첨가되지 않은 유기농 제품이 안전하겠죠?

9~11개월

데친채소스틱

재료

고구마 20g
당근 20g
무 20g

이렇게 만들어요

1. 고구마와 무, 당근은 껍질을 벗기고 2cm 굵기, 5cm 길이의 스틱 모양으로 썬다.
2. 1을 찜통에 넣고 푹 찐다.

Tip 요리할 때 참고하기

채소스틱은 아기가 음식을 손으로 만짐으로써 촉각을 익힐 수 있고, 스스로 쥐고 입으로 가져가 먹는 연습을 하기에도 좋아요. 아기가 손에 쥐기 쉬운 모양으로 썰어주세요. 집에 있는 다양한 채소를 활용하면 됩니다.

검정콩청경채진밥

두부매생이진밥

마크로비오틱 스타일 이유식

생청국장당근버무림

발아현미진밥

 ## 발아현미진밥

재료
발아현미밥 70g, 물 1 $\frac{1}{4}$ 컵

이렇게 만들어요

1. 발아현미밥과 물을 냄비에 넣고 센 불로 끓이다가 끓어 오르면 약한 불로 줄인 다음 17~18분 정도 더 끓여 밥알이 퍼지게 한다.

 ## 생청국장당근버무리

재료
생청국장 15g, 당근 15g, 다시마국물 3큰술

이렇게 만들어요

1. 당근은 사방 0.2~0.3cm 크기로 깍둑썰기하여 다시마국물과 함께 냄비에 넣고 부드럽게 익힌다.
2. 생청국장은 칼로 거칠게 다져서 체에 담고 끓는 물을 끼얹어 물기를 뺀다.
3. 1과 2를 섞는다.

Macrobiotic Style

생청국장은 우리 몸에 유익한 유산균이 가득 들어 있지만 아기가 좋아하지 않을 수 있어요. 칼로 자근자근 다진 다음 끓는 물을 끼얹어 살짝 헹구면 미끈미끈한 것이 사라지고 한결 먹기 편하지요.

검정콩청경채진밥

재료
밥(또는 찰밥) 70g, 검정콩 20g, 청경채 40g, 물 1컵+1큰술

이렇게 만들어요

1 검정콩은 반나절 이상 물(분량 외)에 불리고 분량대로 계량하여 15분 정도 푹 삶는다.

2 껍질을 벗겨서 거칠게 으깬다.

3 청경채는 사방 0.2~0.3cm 크기로 잘게 썬다.

4 밥과 물, 2, 3을 냄비에 넣고 밥이 부드러워질 때까지 끓인다.

 두부매생이진밥

재료
밥 70g, 두부 20g, 매생이 40g, 간장 1~2방울, 물 1컵+1큰술

이렇게 만들어요
1. 매생이는 체에 담은 채 물속에서 흔들어 잡티를 제거하면서 씻은 다음 물기를 뺀다.
2. 두부는 사방 0.5cm 크기로 깍둑썰기한다.
3. 밥과 물, 1, 2를 냄비에 넣고 밥이 퍼질 때까지 끓인 다음 간장을 넣는다.

Tip 요리할 때 참고하기
철분과 미네랄이 풍부한 매생이는 식감이 매끄러워 이유식 재료로 좋아요. 겨울이 제철이므로 이 시기에 넉넉하게 구입해 냉동실에 얼려두고 필요할 때마다 꺼내 사용하세요. 3개월까지는 보관이 가능합니다.

12~ month

아기 밥

12개월이 되면 이유식 완료기에 접어들어요. 어른과 같은 밥을 먹고 국과 반찬도 골고루 곁들여 먹어야 하는 시기가 온 것이지요. 단, 아직 어린 아기가 먹는 음식의 간은 어른 것보다 훨씬 약하게 해야 합니다. 현미나 찹쌀 외에 흑미도 섞어주고 버섯, 톳과 같이 산, 바다의 기운을 듬뿍 담은 영양 재료도 활용해보세요. 알레르기에서 어느 정도 안전해진 이 시기에는 새우나 게살을 이용해도 괜찮아요. 아기들은 달면서 짭조름한 게나 새우살을 잘 먹는답니다.

• 12개월 이후의 재료는 모두 1회 분량입니다.

12~ month

12개월 이후 아기에게 필요한 자연주의 식재료를 소개합니다

이유식 완료기로 이후부터는 맵거나 짜지만 않도록 해 어른 음식처럼 만들어 먹여도 안전한 시기입니다. 물론 처음에는 일반 음식에 적응할 수 있도록 조리 방법을 다양하게 해보는 것이 좋아요. 깊은 풍미를 내는 버섯이나 해산물도 먹여보고 파프리카와 같이 아삭아삭한 식감의 채소도 활용해보세요.

흑미

흑미는 강도가 매우 단단해 쉽게 소화되지 않으므로 아기에게는 적합하지 않지만 이유식 완료기부터는 사용할 수 있습니다. 이때는 반드시 불려서 사용하세요. 시간을 단축하려면 흑미를 물에 깨끗이 씻어 마른 팬에 살짝 볶아주도록 합니다. 흑미의 검정색은 신장의 기운을 북돋는 효과가 있어요.

파프리카

파프리카는 비타민 C의 보고예요. 대표적인 항산화 식품으로도 유명하고요. 외부의 유해 환경으로부터 우리 몸을 지켜주는 착한 채소라고 할 수 있어요. 빨강, 노랑, 주황 등 다양한 색을 지닌 파프리카는 볶음 요리에 넣거나 과일처럼 날것으로 먹어도 좋아요. 아기가 손에 쥐기 쉬운 모양으로 잘라 간식으로도 먹여보세요.

톳

말린 톳은 물에 불렸다가 밥 지을 때 넣으세요. 밥상에 흔히 오르는 재료는 아니지만 알고 보면 칼슘과 철분이 풍부해 성장기 아이들에게 참 좋은 식품이랍니다. 불린 톳을 달걀말이나 된장국 등에도 넣어보세요. 우리 아기의 이유식에 종종 사용했는데 의외로 잘 먹더라고요.

게살

식감이 부드럽고 씹을수록 단맛이 나 이유식이나 아이들 반찬에 단골로 들어가는 재료입니다. 단, 게살에 알레르기 반응을 보이는 아이도 있으니 처음 먹일 때는 유심히 살펴보세요. 게살을 구입할 때는 게살을 포함한 가공식품이 아닌, 순수 게살을 고르도록 하세요.

새우

칼슘과 단백질, 타우린 성분이 풍부해 성장 발육에 좋은 식품이에요. 껍질이 단단하고 윤기가 있으며 투명한 것을 고르세요. 단, 새우에도 알레르기 반응이 나타날 수 있으니 처음 먹일 때는 아기의 반응을 주의해서 살피도록 합니다.

버섯

버섯은 음의 기운이 강한 식품이므로 중간 기운에 가깝게 섭취하려면 말린 것을 사용하세요. 햇볕과 바람에 잘 말린 버섯은 양의 기운을 받아 영양의 균형이 잡히고 비타민 D가 풍부해집니다. 특히 말린 표고버섯은 국물을 내거나 물에 불려 볶음 요리로 만들면 좋아요. 식감이 고기와 비슷해 채소 중의 고기라고도 부르지요. 잘게 다져 이유식에 자주 활용하면 좋은 식품입니다.

12개월 이후

흑미찰밥과 쇠고기뭇국

재료 흑미찰밥

찹쌀 1컵
흑미 1작은술
물 1컵

이렇게 만들어요

1. 흑미는 씻어서 물(분량 외)에 담가 1~2시간 정도 불린다.
2. 찹쌀을 씻어 흑미, 물과 함께 냄비에 넣고 센 불로 끓이다가 밥물이 끓어오르면 약한 불로 줄여 15분 정도 끓인 다음 불을 끄고 5분 정도 뜸을 들여 뚜껑을 연다.

재료 쇠고기뭇국

다진 쇠고기(안심) 20g
무 50g
간장 2~3방울
물 1컵

이렇게 만들어요

1. 다진 쇠고기는 찬물에 살짝 헹궈 체에 담은 채 물기를 짜고 무는 사방 1.5cm 크기의 네모꼴로 나박썰기한다.
2. 다진 쇠고기와 물, 무를 냄비에 넣고 잘 섞은 다음 불에 올려 끓인다. 도중에 거품이 떠오르면 깨끗하게 건지고 간장을 넣어 심심하게 맛을 낸다.

쇠고기뭇국

Tip 요리할 때 참고하기

흑미는 소화하기 힘들므로 미리 물에 불려서 찹쌀과 함께 밥을 지으세요. 이유식에 무를 사용할 때는 단맛이 강한 줄기쪽을 사용하세요. 뿌리쪽은 매운 맛이 강해요.

12개월 이후

마잔새우밥

재료

멥쌀 1컵
마 30g
잔새우 1작은술
건다시마(3×3cm) 1장
물 1.3컵

이렇게 만들어요

1 마는 껍질을 벗기고 사방 1cm 크기로 깍둑썰기한다.

2 멥쌀은 씻어서 밥통에 안치고 다시마와 마, 잔새우, 물을 넣어 밥을 짓는다.

3 밥이 다 되면 다시마는 건져서 잘게 다져 다시 넣고 밥과 고루 섞는다.

Macrobiotic Style

마는 음양의 기운이 모두 강해서 에너지가 넘치고 균형 잡힌 식품입니다. 소화도 잘되어 영양 성분이 쉽게 흡수되니 온 가족 건강식으로 먹기 좋아요.

12개월 이후

토마토라이스

재료

밥 100g
토마토 1개(50g)
대구살 20g
완두콩 1큰술

이렇게 만들어요

1 토마토는 1개를 살짝 데쳐서 찬물에 담가 껍질을 벗기고 씨를 뺀 다음 과육만 분량대로 계량하여 곱게 다진다.

2 대구살은 끓는 물에 1분 정도 데친 다음 건져서 잘게 썬다.

3 완두콩은 끓는 물에 부드럽게 삶은 다음 건져서 찬물에 담갔다 껍질을 벗긴다.

4 밥에 1~3을 넣어 섞는다.

Tip 요리할 때 참고하기

대구살 대신에 조기나 참가자미살을 사용해도 좋아요. 조기, 대구, 가자미 등은 대표적인 흰살생선으로 담백한 맛과 생선 고유의 간이 있어 아기들이 좋아해요. 국내산을 확인하고 구입하는 것이 좋겠지요?

12개월 이후

쇠고기얼갈이배추덮밥

재료

밥 100g
쇠고기(안심) 30g
배즙 1큰술
얼갈이배추 20g
양송이버섯 10g
참기름 조금
간장 2~3방울
녹말물
(감자전분 1작은술+물 1큰술)
물 ½컵

이렇게 만들어요

1. 쇠고기는 잘게 썰어 찬물에 살짝 씻은 다음 물기를 짜서 배즙에 버무린다.

2. 얼갈이배추는 연한 속대로 준비해 잘게 썰고 양송이버섯도 잘게 썬다.

3. 참기름을 두른 팬에 1의 쇠고기를 볶다가 얼갈이배추, 양송이버섯 순으로 넣어가며 볶아 익힌다.

4. 물을 붓고 끓이다가 한소끔 끓어오르면 간장을 넣고 녹말물을 조금씩 끼얹어 걸쭉하게 한 다음 밥에 얹는다.

12개월 이후

토마토스크램블드에그덮밥

재료

밥 100g

토마토 1개(50g)

양파·느타리버섯 10g씩

달걀 1개

우유 1큰술

현미유 조금

이렇게 만들어요

1. 토마토는 1개를 살짝 데쳐서 찬물에 담가 껍질을 벗기고 씨를 뺀 다음 과육만 분량대로 계량하여 곱게 다진다.

2. 양파와 느타리버섯은 사방 0.5cm 크기로 잘게 썬다. 달걀은 풀어서 우유와 함께 섞는다.

3. 현미유를 두른 팬에 양파와 느타리버섯을 볶다가 토마토를 넣고 2분 정도 볶는다.

4. 3에 2를 붓고 젓가락으로 재빨리 저어 달걀을 익힌 다음 밥에 얹는다.

12개월 이후

게살수프덮밥

재료

- 밥 100g
- 게살 30g
- 양배추 20g
- 당근 10g
- 간장 2~3방울
- 녹말물
  (감자전분 1작은술+물 1큰술)
- 다시마국물 ½컵

이렇게 만들어요

1. 게살은 먹기 좋도록 가늘게 찢는다.
2. 양배추는 사방 0.5cm 크기로 잘게 썰고 당근은 곱게 채 썬 다음 2cm 길이로 썬다.
3. 다시마국물에 양배추와 당근을 넣어 익히다가 1의 게살을 넣어 한소끔 끓이고 간장을 넣는다.
4. 불을 약하게 줄이고 녹말물을 조금씩 끼얹어 걸쭉하게 만든 다음 밥에 얹는다.

Tip 요리할 때 참고하기

감자전분을 구입할 때는 성분표에서 국산 감자 100%인지를 확인하도록 하세요. 수프의 농도는 기호에 따라 감자전분 양으로 조절하면 됩니다.

Tip 요리할 때 참고하기

들깨에는 필수지방산의 하나인 오메가-3지방산이 풍부하게 함유되어 있어 알레르기성 질환 예방에 도움이 됩니다. 갓 빻아 신선한 들깻가루를 사용하도록 하세요.

12개월 이후

들깨된장볶음밥

재료

발아현미밥 80g
당근 10g
양파 15g
시금치 20g
된장 ½작은술
들깻가루(껍질 벗긴 것) 1작은술
물 2큰

이렇게 만들어요

1. 당근과 양파는 사방 0.5cm 크기의 얇은 네모꼴로 썬다. 시금치는 살짝 데쳐서 물기를 짜고 잘게 썬다.

2. 달군 팬에 물 1큰술을 넣고 당근, 양파, 시금치 순으로 넣어가며 볶다가 물기가 날아가 뻑뻑해지면 물 1큰술을 더 넣어 볶고 된장과 들깻가루를 넣어 섞는다. 지나치게 뻑뻑하면 물 1큰술을 더 넣는다.

3. 2에 발아현미밥을 넣고 비벼주듯이 서로 어우러지게 볶은 다음 불에서 내린다.

12개월 이후

콩비지탕

재료

백김치 20g
돼지고기(안심) 40g
양파 10g
불린 표고버섯 20g
참기름 조금
콩비지 120g

이렇게 만들어요

1 백김치는 곱게 다져서 물을 두세 번 바꿔가며 20분 정도 담가 짠맛을 뺀다.

2 돼지고기와 양파, 불린 표고버섯은 잘게 다진다.

3 팬에 참기름을 두르고 양파, 돼지고기, 표고버섯, 백김치 순으로 볶는다.

4 돼지고기의 색이 변하면 콩비지를 넣고 걸쭉해질 때까지 끓인다.

Tip 요리할 때 참고하기

콩비지탕은 어른 밥상에 낼 것과 함께 만들면 간편해요. 어른 입에 맞는 간을 하기 전에 아기가 먹을 것만 따로 덜어내세요.

12개월 이후

닭고기두부볼

재료

닭안심 40g
두부 20g
감자전분 1작은술
간장 2~3방울
당근 10g
사과 30g
다시마국물 ¾컵

이렇게 만들어요

1. 닭안심은 곱게 다지고 두부는 칼등으로 곱게 으깬다.
2. 닭안심과 두부, 감자전분을 섞고 간장을 넣어 더욱 치댄 다음 지름 1.5cm 크기의 공 모양으로 빚는다.
3. 냄비에 다시마국물을 끓이다가 2를 넣어 익힌다.
4. 당근과 사과는 각각 강판에 곱게 간 다음 섞어 소스를 만든다.
5. 3을 건져 그릇에 담고 4를 끼얹는다.

Tip 요리할 때 참고하기

함박스테이크용 패티는 미리 넉넉하게 만들어 냉동실에 보관해두고 사용하세요. 랩으로 1개씩 포장해 얼려두면 필요한 분량만큼 꺼내 요리하기 좋아요.

12개월 이후

톳두부함박스테이크

재료

두부 30g
다진 쇠고기(안심) 30g
톳(밥용으로 말린 것) 1꼬집
간장 2~3방울
참기름 조금
방울토마토 2개

이렇게 만들어요

1 톳은 미리 10분 정도 물에 불린 다음 고운체에 밭친 채로 끓는 물에 넣어 데치고 물기를 뺀다.

2 두부는 칼등으로 곱게 으깨어 다진 쇠고기, 1의 톳, 간장과 함께 섞어 치댄다.

3 지름 3cm 크기로 동글납작하게 빚어 참기름을 두른 팬에서 앞뒤로 노릇하게 지진다.

4 방울토마토는 끓는 물을 끼얹어 찬물에 담가 껍질을 벗기고 다진 다음 3 위에 올린다.

12개월 이후

새우양배추전

재료

밥새우 5g
양배추 20g
깻잎 ½장
우리밀가루 40g
현미유 조금
다시마국물 2큰술

이렇게 만들어요

1. 밥새우는 고운체에 받친 채로 끓는 물을 끼얹어 소금기를 뺀다.
2. 양배추는 끓는 물에 살짝 데쳐서 잘게 썰고 깻잎은 곱게 다진다.
3. 우리밀가루에 1과 2를 넣어 섞은 다음 다시마국물을 넣어 반죽한다.
4. 팬에 현미유를 두르고 3을 1숟가락씩 얹어 납작하게 눌러가며 앞뒤로 노릇하게 지진다.

Tip 요리할 때 참고하기
잔멸치와 마찬가지로 밥새우도 체에 담은 채 끓는 물을 부어 짠 기와 불순물을 제거하고 사용하세요.

12개월 이후

채소밥전

재료

밥 5순가락

당근 · 양송이버섯 · 양파 · 피망 10g씩

달걀 1개

소금 · 현미유 조금씩

이렇게 만들어요

1 채소는 모두 잘게 다진다.

2 밥에 달걀을 넣어 섞는다.

3 2에 1과 소금을 넣어 섞는다.

4 팬에 현미유를 두르고 3을 1순가락씩 얹어 앞뒤로 노릇하게 굽는다.

12개월 이후

통밀잔치국수

재료

우리밀통밀국수 30g
애호박 20g
양파 · 당근 · 쪽파 10g씩
달걀 ½개분
간장 2~3방울
멸치다시마국물 1컵

이렇게 만들어요

1. 양파는 얇게 채 썬 다음 길이를 반으로 썰고 애호박과 당근도 채 썰어 양파 길이에 맞추어 썬다. 쪽파는 잘게 송송 썬다.
2. 달걀은 풀어서 얇게 지단을 부친 다음 곱게 채 썬다.
3. 멸치다시마국물, 1의 채소를 냄비에 넣고 끓여 채소를 익힌 다음 간장을 넣는다.
4. 통밀국수는 끓는 물에 넣고 부드럽게 삶아 찬물에 헹군 다음 그릇에 담고 3을 붓고 달걀지단을 얹는다.

Tip 요리할 때 참고하기

아이들은 국수를 참 좋아해요. 후루룩하고 입에 빨려 들어가는 것이 재미있나봐요. 아기가 먹을 것은 안전한 우리밀로 만든 국수를 사용하세요.

12개월 이후

흰살생선감자치즈구이

재료

감자 100g
베이비치즈 10g
대구살 15g
우유 1큰술
김(김밥용) ½장
현미유 조금

이렇게 만들어요

1. 감자는 푹 쪄서 껍질을 벗기고 곱게 으깬다.
2. 대구살은 감자를 찔 때 같이 찌거나 따로 살짝 쪄서 잘게 썬다.
3. 감자가 뜨거울 때 베이비치즈와 2의 대구살, 우유를 넣고 섞어 지름 3cm 크기로 동글납작하게 빚는다.
4. 김은 2×5cm 크기의 직사각형 모양으로 자른다.
5. 김을 3에 붙이고 현미유를 두른 팬에 올려 앞뒤로 살짝 굽는다. 토마토 등의 과일을 곁들여 먹이면 좋아요.

Tip 요리할 때 참고하기

이유식뿐 아니라 아이와 어른이 함께 먹는 간식으로도 인기 많은 메뉴예요. 대구살 대신 조기나 참가자미살을 이용해도 좋아요.

12개월 이후

호두두유소스채소찜

재료

고구마 · 단호박 30g씩
브로콜리(꽃송이 부분) 20g
호두 10g
두유 4큰술

이렇게 만들어요

1. 고구마와 단호박, 브로콜리는 넉넉히 썰어 찐 다음 껍질을 벗기고 분량만큼 계량하여 사방 1.5cm 크기로 깍둑썰기한다. 브로콜리는 꽃봉오리 부분만 잘게 썬다.
2. 호두와 두유를 커터나 믹서에 넣어 곱게 간다.
3. 1을 그릇에 담고 2를 끼얹는다.

Tip 요리할 때 참고하기
호두에 들어 있는 필수지방산을 섭취하기 좋은 소스예요. 고소하면서 살짝 달콤한 두유를 더해 아기들이 잘 먹지요. 아기가 호두 등의 견과류를 먹을 때 자칫 잘못하면 목에 걸려 사고가 날 수 있는데, 이렇게 소스로 만들어 음식에 곁들이면 견과류의 영양 성분을 안전하게 섭취할 수 있답니다.

Tip 요리할 때 참고하기

단호박 대신 호박고구마를 사용해도 좋아요. 단호박과 호박고구마 모두 부드럽고 달콤한 스프레드를 만들 수 있어서 이유식 완료기의 아기도 쉽게 먹을 수 있어요.

12개월 이후

단호박블루베리샌드위치

재료

우리밀식빵 2장
단호박 100g
블루베리 6개

이렇게 만들어요

1 단호박은 찜통에서 푹 찐 다음 껍질을 벗기고 곱게 으깬다.

2 우리밀식빵 2장에 1을 나누어 바른 다음 한쪽에 블루베리를 얹고 다른 1장으로 덮는다.

3 먹기 좋은 크기로 썬다.

12개월 이후

프렌치토스트

재료

우리밀식빵 2장
달걀 1개
우유 2큰술
포도 또는 복숭아·다진 파슬리·현미유 조금씩

이렇게 만들어요

1 우리밀식빵은 가장자리를 잘라내고 하얀 속으로만 준비하여 4등분으로 썬다.
  틀로 찍어 예쁜 모양을 만들어주면 아기가 좋아해요.

2 달걀은 풀어서 우유와 다진 파슬리를 넣어 섞는다.

3 현미유를 팬에 두른다. 1을 2에 적셔서 팬에 얹어 달걀이 익도록 앞뒤로 굽는다.

4 포도나 복숭아를 3에 곁들인다.

Tip 요리할 때 참고하기
프렌치토스트에는 계절에 따라 어울리는 과일을 곁들이세요. 복숭아뿐 아니라 파인애플, 키위, 블루베리 등도 좋아요.

12개월 이후

으깬옥수수바나나

재료

찰옥수수 $\frac{1}{2}$개
바나나 $\frac{1}{3}$개

이렇게 만들어요

1. 찰옥수수는 푹 삶아 옥수수알을 뗀다.
2. 볼에 1을 넣고 홍두깨로 대충 으깬다.
3. 바나나는 0.5cm 두께로 동글게 썬다.
4. 2와 3을 섞는다.

Tip 요리할 때 참고하기

옥수수는 제철인 8월에 넉넉히 구입해 찐 다음 알알이 떼어 냉동실에 넣어두고 사용하세요.

마크로비오틱 스타일 이유식

톳밥

미네스트로네

  # 발아현미밥과 된장국

재료

발아현미밥
발아현미 1컵, 소금 면봉 끝에 찍어 묻을 만큼,
물 1½컵, 흑임자소금 조금

된장국
된장 ½작은술, 실미역(불려서 물기 짠 것) 15g, 두부 20g,
다시마국물 1컵

이렇게 만들어요

1. 발아현미는 비비지 않고 살랑살랑 씻어서 분량의 물에 담가 반나절 정도 불린 다음 소금을 넣고 불에 올려 센 불로 5분 정도 끓이다가 약한 불로 줄여 30분 정도 끓인다. 불을 끄고 그대로 15분 정도 뜸을 들인 다음 뚜껑을 연다.

2. 다시마국물에 된장을 풀어 끓인다.

3. 실미역은 잘게 썰고 두부는 사방 1cm 크기로 깍둑썰기 한다. 실미역과 두부를 2에 넣고 조금 더 끓인 다음 불에서 내린다.

4. 1의 발아현미밥을 그릇에 담고 흑임자소금을 뿌린 다음 된장국을 곁들여 낸다.

참깨소금, 흑임자소금

재료

참깨 9큰술, 천일염 $\frac{1}{2}$ 작은술

흑임자 9큰술, 천일염 $\frac{1}{2}$ 작은술

이렇게 만들어요

1. 천일염을 바닥이 두꺼운 팬에 넣어 보슬보슬하고 연하게 색이 날 때까지 중약불에서 볶는다.

2. 천일염이 뜨거울 때 절구에 넣고 힘을 주어 곱게 빻는다.

3. 참깨(또는 흑임자)를 팬에 넣고 약한 불에서 몇 번 톡톡 튈 때까지 팬을 흔들어가며 볶는다.

4. 참깨(또는 흑임자)가 뜨거울 때 2에 넣고 힘을 주지 않은 채 자연스레 천일염과 섞이고 열기가 가실 때까지 빻아가며 섞는다.

  ## 톳밥과 미네스트로네

재료

톳밥
발아현미 1컵, 톳(밥용으로 말린 것) 1작은술, 물 1½컵

미네스트로네
건다시마(3×3cm) 1장, 건표고버섯(슬라이스한 것) 2~3개,
물 1½컵, 양파·애호박·파프리카 15g씩, 간장 2~3방울

이렇게 만들어요

1. 발아현미는 비비지 말고 살랑살랑 씻어서 분량의 물에 담가 반나절 정도 불린 다음 톳을 넣고 불에 올려 끓인다. 처음에는 센 불로 5분 정도 끓이다가 밥물이 끓어오르면 약한 불로 줄여 30분 정도 끓인 다음 불을 끄고 그대로 15분 정도 뜸을 들여 뚜껑을 연다.

2. 냄비에 물을 붓고 다시마와 표고버섯을 넣어 은근한 불에서 끓인 다음 국물이 우러나면 건더기를 건져서 잘게 썬다.

3. 양파와 애호박, 파프리카는 사방 1cm 크기의 네모꼴로 썬다.

4. 2의 건더기와 3을 다시 2의 국물에 넣고 재료가 부드러워질 때까지 끓인 다음 간장을 넣어 심심하게 맛을 낸다.

Tip 요리할 때 참고하기

발아현미는 싹을 틔운 쌀눈이 떨어져나가지 않도록 조심해서 씻어야 해요. 비벼서 씻지 말고 물에 헹구듯이 살랑살랑 씻어주세요.

MOTHER-K
for baby organic

이유식 시기, 아이와 함께하는 가벼운 외출

마더케이 일회용 이유식 저장팩 & 테이블매트

마더케이 일회용 이유식 저장팩

마더케이 일회용 테이블 매트

더이상 외출과 여행을 멀리하지 마세요!

마더케이 이유식 저장팩은 이유식 및 간식을 챙겨서 외출을 해야하는 시기에 엄마의 무거운 짐을 줄여줄 수 있는 가볍고 편리한 〈신개념 저장팩〉입니다.
이제 야외에서도 마더케이 일회용 테이블매트로 안전함과 위생도 함께 챙기세요.

문의 마더케이 (070-4706-1472, www.motherk.co.kr)

Saladmaster
We Change Lives

10년 넘게 전문적인 요리를 해오고 있지만 '샐러드마스타'를 만난 지는 얼마 안 됐어요. 요리하는 사람에게 조리도구는 가장 가까운 친구여서 저 역시도 깐깐하게 하나하나 살펴보는 편이지만 스테인리스스틸stainless steel 소재에 대해서는 너무 가볍게 생각하고 있었더군요. 스테인리스스틸 냄비는 음식이 닿는 안쪽 밑바닥과 열이 닿는 냄비 겉면 밑바닥 사이에 열전도율을 높이기 위한 중금속 류가 들어가요. 이때 안쪽 스테인리스스틸의 기공이 크면 열을 가할 때 중금속이 빠져나오게 됩니다. 실제로 우리가 평소 사용하는 스테인리스스틸이나 무쇠, 법랑 등의 제품 모두 중금속으로부터 자유롭지 못한 경우가 많답니다.

우연한 기회에 여러 가지 브랜드의 스테인리스스틸 소재 냄비를 놓고 유해성을 실험하는 과정을 지켜보게 되었어요. 냄비에 베이킹소다를 푼 물을 붓고 끓여보는 실험이었지요. 대부분의 냄비에 담긴 물이 오염됐는데 샐러드마스타 제품은 냄새 없이 깨끗한 상태를 유지하고 있었어요. 놀라웠지요. 샐러드마스타는 최상급의 스테인리스스틸 소재를 사용해요. 체내에 이식해도 안전하다는 티타늄316L 재질로 표면의 기공이 치밀하여 중금속이 새어 나오지 않는 것은 물론, 조리 과정 중에 식품 본연의 맛과 영양성분이 변하는 것을 막아줍니다.

제 아기가 이유식을 막 시작할 즈음에 샐러드마스타를 알게 된 건 정말 행운인 것 같아요. 아기에게 먹일 음식을 만드는 데 이만큼 믿을 만한 조리도구가 또 있을까요? 특히 이유식처럼 소량의 재료를 사용하는 요리에 적합하도록 작은 사이즈(1쿼터)의 냄비도 있으니 꼭 한 번 사용해보길 권하고 싶네요. 아마 평생 손에서 놓지 못할 1등 조리도구가 될 거예요.

마크로비오틱 요리전문가 이양지

샐러드마스타
문의 031-708-4206 (샐러드마스타 서판교지부)

> **재료 본연의 맛과 영양을 유지하면서 중금속으로부터 음식을 안전하게 지켜주는 샐러드마스타, 이유식을 만들기에 이만한 냄비는 없어요**

요리전문가 엄마가 만든
알짜 이유식

ⓒ 이양지

초판 1쇄 발행일 2013년 12월 1일

지은이 이양지
펴낸이 윤은숙
책임편집 이희원 팀장
디자인 A.BOOK
사진 선우형준(season2 02-538-9916)
푸드스타일링 김지현(010-9292-9498)
마케팅 석철호 나다연 도한나
제작 송세언

펴낸 곳 (주)느림보
등록일자 1997년 4월 17일
등록번호 제10-1432호
주소 경기도 파주시 회동길 198
전화 편집부 031-955-7383 영업부 031-955-7374
팩스 031-955-7393
홈페이지 www.nurimbo.co.kr

· 이 책의 글과 사진의 일부 또는 전부를 재사용하려면
  반드시 저작권자와 (주)느림보 양측의 동의를 얻어야 합니다.
· 책값은 뒤표지에 있습니다.

ISBN 978-89-5876-174-7 13590

이 도서의 국립중앙도서관 출판시도서목록(CIP)은 e-CIP 홈페이지(http://www.nl.go.kr/
ecip)와 국가자료공동목록시스템(http://www.nl.go.kr/kolisnet)에서 이용하실 수 있습니다.
(CIP제어번호: CIP2013024336)